マルクス自身の手による

資本論入門

ヨハン・モスト 原著　カール・マルクス 加筆・改訂
大谷禎之介 訳

Johann Most

Kapital und Arbeit

Ein populärer Auszug aus „Das Kapital“ von Karl Marx

Zweite verbesserte Auflage

Revidiert und überarbeitet von Karl Marx

大月書店

Johann Most:

Kapital und Arbeit.

Ein populärer Auszug aus „Das Kapital“

von Karl Marx

Zweite verbesserte Auflage

*

KOMMENTAR

zu der von Karl Marx überarbeiteten

zweiten Auflage des

„populären Auszugs“ aus „Das Kapital“

von Johann Most aus dem Jahre 1876

Published by Marx-Engels-Stiftung, Wuppertal 1985

*

This Japanese edition is published in Tokyo 2009

by Otsuki Shoten Publishers, Tokyo

もくじ

マルクス自身の手による 資本論入門

マルクス自身の手による資本論入門

まえがき

大谷禎之介

二〇〇八年夏にアメリカで勃発した金融恐慌は、またたくまに、資本主義諸国の実体経済を震撼させる世界恐慌にまで発展しました。その広がりも深さも、ほぼ八〇年まえの一九二九年に始まった世界恐慌をはるかに超えており、大国の政治権力の中枢からさえも「百年に一度の危機」といううめきがもれてくるほどです。

恐慌が、資本主義という社会システムそのものに内在する諸矛盾の集合的な爆発であり、また同時にそれらの矛盾の強力的調整でもあることを明らかにしたのは、一八六七年にその第一巻が刊行されたマルクスの『資本論』でした。現在の世界恐慌を目の当たりにして、多くの人びとがあらためてマルクスの資本主義分析の力に注目しています。

けれども、『資本論』は三巻からなるその浩瀚《こうかん》な大きさからだけではなく、厳密な理論的展開の方法によって叙述されていることからも、それを読みとおして内容を理解するのは容易ではありません。マルクスも、『資本論』第一巻のフランス語版への序文（一八七二年）で、次のように書いています。

「わたしが用いた分析の方法は、これまで経済の問題に適用されたことのないもので、はじめの諸章を読むことをかなりむずかしくしています。それで心配なのは、フランスの読者が、いつも性急に結論に到達しようとし、また一般的な原理と自分が熱中している直接的問題との関連を知りたがるあまり、さきにどんどん進めないからといって読みつづけるのがいやになりはしないかということです。」

さらに、古今東西の膨大な古典や世界の歴史に通暁《つうぎょう》していたマルクスは、その知識を自在に活かして、『資本論』の叙述に、文学的にも歴史記述としてもきわめて上質の味付けを行ないました。そのために、マルクスを非難しようとする人びとも、マルクスがずばぬけた教養をもつ知識人であること、『資本論』が高度な知的作業の産物であることは認めざるをえませんでしたが、他方で、『資本論』には、普通の読者にはなんのことかよくわからない箇所があちこちにあるということになりました。『資本論』はこの面からも、難解で読みにくい書物だという印象を与えています。

マルクスは、繰り返して、労働者に読んでもらうために『資本論』を書いたのだ、と言いましたが、そうは言いながら、彼自身、豊かな教養を抑えることなく縦横無尽に駆使しながら、しかも厳密に科学的な方法にしたがって叙述したこの書物が、そのままのかたちで普通の労働者にたやすく理解されるとは思っていなかったようです。

彼は、『資本論』を刊行する二年前の一八六五年に、国際労働者協会で講演をしましたが、その内容の後半は、そのとき彼が仕上げつつあった『資本論』第一巻の内容のかなりの部分についての解説でした。この講演のために彼が書いた原稿が、彼の死後の一八九八年に『価値・価格・利潤』という書名で刊行され、この書物はいまでも『賃金・価格・利潤』という書名で、マルクス自身による『資本論』の入門書としてよく読まれています。このときの聴衆は国際労働者協会の活動を担っている労働者たちでした。マルクスは、このような先進的な労働者に『資本論』の内容を伝えるために、できるだけ平易化しようと苦労し、またさまざまの工夫をこらしています。この講演原稿を読むと、労働者を『資本論』に誘《いざな》うことができるいい入門書があればいいな、とマルクスが思っていたことは確かのように思われます。

マルクスの生前にも、とくに彼の晩年のころには、『資本論』第一巻の内容を要約したり解説したりしている書物が何冊もでていて、マルクスもそれらに目を通していましたが、しかしそれらのなかには、マルクス自身が執筆や刊行に積極的に関わったものはほとんどなく、また、彼が自分の作品のたしかな入門書として容認し、広く読まれることを期待したものもほとんどありませんでした。しかし、そのなかにただ一つだけ、マルクス自身が深くかかわったものがありました。じつは、それが本書なのです。

一八七四年にヨハン・モストというドイツ人が、『資本論』第一巻からの抜粋に自分の手を加えて、『資本と労働――カール・マルクス著『資本論』のわかるダイジェスト――』というタイトルのパンフレットを刊行しました。この『ダイジェスト』は多くの欠点をもっていましたが、それでもその当時には、『資本論』第一巻全体の内容を労働者にわかりやすく伝える啓蒙書として存在する唯一のものでした。このような意味をもっていたので、マルクスは、ドイツの社会民主労働者党の指導者の要請を受け入れて、一八七五年の夏にこの書の改訂作業を行ないました。

マルクスの改訂作業は半端なものではありませんでした。第一版での不正確な表現や記述を訂正したのはもちろんですが、重要な箇所では、『資本論』の内容を読者に正確に伝えるために、マルクス自身が大きな書き下ろしを加えました。また、『資本論』からの抜粋のところでも、あるいは平易化のために、あるいは正確化のために変更が行なわれました。この小さいパンフレットにもかかわらず、マルクスが書き下ろして加えた大きな箇所のほかに、マルクスが手を加えた箇所は三〇〇を超えています。

こうして、翌年、『ダイジェスト』の「改訂第二版」が刊行されました。著者であるモストは、改訂作業が行なわれていたときには監獄につながれていたので、この版のための作業にはまったくかかわっていませんでした。けれども、この「第二版」のどこにも、改訂を行なったのがじつは『資本論』の著者であるマルクスそのひとであったことは書かれていませんでした。

そのこともあって、この版は――アメリカでは一八九〇年にこれを基礎にした第三版が刊行されていましたが――ドイツでは、もはや版を重ねることもなく、すっかり埋《う》もれたままになってしまっていました。ようやく第二次大戦後の一九六七年になって、東ドイツで刊行された研究書に付録として収録され、また一九七二年に、アメリカ刊行の第三版による新しい版が西ドイツのズーアカンプ書店から出版されました。けれども、その後も依然として、第二版へのマルクスの関わりの程度や、彼がこの改訂版をどのように評価していたのかがはっきりしていなかったことから、「マルクス改訂」というそれの稀有《けう》の特質が、だからまた、マルクス自身の仕事の一つとみなされるべきこの第二版の重要性も、十分に認識されないままになっていました。

ところが一九八四年になって、この第二版をマルクス自身がどのように見ていたのかを知らせる貴重な手がかりが新たに発見されたのです。この年の一二月、西ドイツのヴッパータールにあったマルクス＝エンゲルス財団がデュッセルドルフの古書店からこの第二版の一冊を購入しました。それはじつは、マルクスが自筆で書き込みをした彼の自用本だったのです。この自用本の出現が、第二版がもつマルクスの作品としての重要性を劇的にクローズアップすることになりました。

マルクスがこの自用本に書き込んでいるのは、第二版にあった多くの誤植の訂正と、印刷ミスによって生じていた欠落箇所だけです。訂正された誤植には、第二版巻末の「誤植訂正」に記載された箇所と、それに漏れていた誤植とが含まれていました。マルクスは、それ以外の修正や加筆をまったく行なっていません。自用本を調査したマルクス＝エンゲルス財団は、マルクスが巻末の訂正表にある箇所をすべて自筆で訂正したうえで、全文を丁寧に読みかえして訂正表に記載されていない誤植を訂正し、さらに印刷ミスによる欠落箇所までもきちんと自筆で埋めている（本訳書のカバーをご覧ください）という事実は、この版がでたあとでも彼がこの版を『資本論』のダイジェストとして使えるもの、広く読まれてもいいものと見ていたことを示している、と判断しました。じっさい、マルクスの手紙からは、のちの一八七六年に彼が、この第二版をもとにしてアメリカで英語訳をつくることを認めていたことがわかっていますし、また一八七八年には、ロンドンでもこの版を基礎にして「イギリス向き」に改訂した英語版を刊行することを容認しただけでなく、それのために「数言の序文を書いてもいい」とさえ書いていたこともわかっているのです。

そこで、マルクス＝エンゲルス財団は翌一九八五年に、この自用本を写真複製したリプリント版を、それへの「コメンタール」をつけて刊行しました。ヴィンフリート・シュヴァルツによるこの「コメンタール」はとてもていねいに書かれていて、モストのパンフレットが書かれた経緯とマルクスがそれに改訂の手を加えて第二版が生まれた経緯、その後このパンフレットにたいしてマルクスとエンゲルスがとった態度、それによってこの書がすっかり埋もれてしまった事情などがよく分かります。また、マルクスが改訂したり加筆したりした箇所を逐一《ちくいち》挙げるとともに、その作業の内容を分析していて、読者はこの解題を有効に使うことでマルクスの改訂作業の全容を知ることができるようになりました。

このリプリント版を「コメンタール」執筆者のシュヴァルツから受けとって、この書のかけがえのない重要性を知った訳者は、翌一九八六年に、改訂第二版のテキストの翻訳と「コメンタール」の翻訳との二冊を一つの箱にいれた、ヨハン・モスト原著、カール・マルクス改訂『資本論入門』と題する日本語訳を岩波書店から刊行しました。そしてまた、このうちのテキストだけを教材として使いたいという要望が多く寄せられたので、翌一九八七年に、テキストに訳者の「用語解説」をつけただけの『資本論入門　テキスト版』を同書店から出しました。しかし、それからまもなく一九八九年から始まったソ連や東欧での「現存社会主義」の崩壊の影響を受けて、二冊本もテキスト版も販売部数が減少していき、いまではどちらも絶版となっています。

本書は、この、マルクスが改訂したモスト著『資本と労働』第二版の新訳であり、新版なのです。以上で、本書が「マルクス自身の手による」、その意味で類例のない『資本論入門』であることが、おわかりいただけたのではないでしょうか。

新版の作成にあたって、本書では次のような新たな試みを行ないました。

第一に、いま述べたような本書の特徴を前面にだすために、書名を『マルクス自身の手による資本論入門』としました。

第二に、ほかの文献からの引用以外は、『資本論』からの抜粋を含めて、すべて「です、ます」調にしました。訳文もできるだけくだいて読みやすいものにし、底本の原題にある「わかるダイジェスト」の名に近づける努力をしました。翻訳にあたっては、本書が『資本論』への入門書としての役割を果たせるようにすることを第一義的な目標にしました。そこで、読者に『資本論』そのものの内容をできるかぎり正確でわかりやすく伝えるように努力するとともに、マルクス改訂による第二版を読者に『資本論入門』として読んでいただけるものにするよう心がけました。ですから、マルクスが改訂するまえの第一版でモストの記述がどうなっていたか、ということを漏らさず記載することはしませんでした。

そこで第三に、このダイジェストの最大の特色であるマルクスによる手入れと『資本論』からの抜粋とを読者に知っていただくためにいくつかの工夫をしました。

本書の本文をぱらぱらとめくっていただけばおわかりのように、いたるところに黄緑色でマークした（網掛けをした）箇所があります。これは、マルクスが改訂作業のさいに書いた部分です。そのなかには、マークの先頭にアラビア数字の注番号がつけられているあまり大きくない――たった一語からせいぜい三行どまりの――箇所がたくさんありますが、この場合には、奇数ページの左の欄外においた該当番号の注に、その箇所が第一版ではどうなっていたのかが記載されています。それ以外の、注番号がつけられていない、短いものでは一行、ところによっては二ページ以上にわたるマーク箇所は、マルクスが大きく書き加えたか、あるいはモストの文章を大きく削除し、それに代えて新たに大きく書き下ろした部分です。そのような箇所は、とくに「商品と貨幣」の章および「労賃」の章でめだっています。この場合には、削除されたモストの文章を注に記載することはしていません。

また、黄緑色のマークとは別に、活字がゴシック体になっているパラグラフや文があることにも気づかれると思いますが、こちらは、モストが『資本論』第一巻からほとんどそのまま抜粋した箇所、つまり、もともとはマルクスによって書かれたパラグラフや文です。このなかにも黄緑色でマークした箇所がありますが、それはたいてい、この入門書のためにマルクス自身が『資本論』での自分の文章の一部を変えたところです。なお、『資本論』第一巻からそのまま取り入れられた箇所が『資本論』の現行版のどこに当たるのか知りたい、という読者のために、巻末に「『資本論』からの引用箇所の対応ページ一覧」をつけておきました。

こうして、黄緑色でマークした箇所とゴシック体となっている箇所とを除いた部分が、モストが作成した第一版から、変更されないで第二版に残された部分だということになります。

ざっとみていただいただけでも、マルクスの手入れがいかに大幅なものであったかということを感じていただけるでしょう。また、研究者の皆さんには、マークとゴシック体とに注目することで、マルクスによる改訂作業の内容が調べやすくなっていると思います。

第四に、この新訳では、一九八九年に刊行された、MEGA（歴史的・批判的全集としての原語版『マルクス＝エンゲルス全集』）第二部第八巻に「付録」として収録された『資本と労働』第二版と編集者によるそれへの付属文書を利用することができました。この巻の付属資料は、以前のシュヴァルツの作業を土台にしていますが、そのなかでは触れられていなかった事実が記載されていますし、

『資本と労働』の第一版と第二版との違いを逐一記録した「異文目録」も、本書の注を作成するのに参考になるところがありました。

第五に、テキストを読むさいに参考にしていただけそうな訳者による注を奇数ページの左欄外に置き、星じるしの注番号で指示しています。これには、岩波版『資本論入門　テキスト版』の巻末につけた「用語解説」を利用しましたが、そのほかさらに、本文での記述だけでは理論的なつながりをつかむことがむずかしい事柄についての説明などを付け加えました。訳者によるこの種の追加的な説明は、本文のなかに括弧〔 〕で挿入したところもあります。

第六に、一九八五年に刊行されたリプリント版への、シュヴァルツ執筆の「コメンタール」から「成立と来歴」の部分を、「『資本と労働』第二版の成立とマルクス自用本の来歴について」というタイトルのもとで訳出し、それへの注で、MEGA第二部第八巻の付属資料収録の「成立と来歴」などから、有用と思われることを補足的に書き加えておきました。さきに述べました、本書を「マルクス自身の手による」ものと見ることができる理由も、本書の底本である『資本と労働』にたいするマルクスの態度や評価も、この「成立と来歴」のなかに詳しく書かれていますので、ご参照ください。

さて、本書を手にとられた読者のみなさんには、大きく見て、三つのタイプがあるのではないかと思います。

第一は、『資本論』やマルクスについて書かれたものをこれまでほとんど読んだことがないけれど、それがなにか気になっていて、こんどたまたま、本書を手にとってくださったというみなさんです。そうしたみなさんには、本文の全部にいちおう目を通して、マルクスも『資本論』も意外とおもしろそうだし、そんなにわかりにくくもなさそうだ、という感じをもっていただけるといいな、と思っています。

なによりもまず本文のテキストを、ページにつけられた黄緑色のマークや活字のタイプの違いなどはいっさい無視して、ざぁーっと最後まで読みとおされることをおすすめします。わかりにくい箇所にぶつかって、そこに星じるしの注番号がついていたら、左ページにある注を覗いてみてください。終りまで読まれて、マルクスの言っていることをきちんと知ることには意味がありそうだ、とお感じになったら、あらためて全文をゆっくりと読みかえしてみてください。最初に目をとおされたときにはよくわからなかったのに、こんどはさっと理解できる、というところがあちこちにあるのに気づかれることでしょう。また、本書とは別のマルクスのものを読んでみたいとお思いであれば、マルクスが本書のはじめの三分の二ほどのところの内容を平易に語った、さきにも触れた『賃金・価格・利潤』(大月書店や新日本出版社から読みやすい判型のわかりやすい訳がでています)をお勧めします。本書を読まれたあとであれば、かなり楽にお読みになれることでしょう。

第二は、これまですでに、『資本論』の入門書や解説書の一つあるいはいくつかをお読みになったうえで、本書の書名にある「マルクス自身の手による」という文句が気になって、本書を手にとってくださったみなさんです。そうしたみなさんは、とりあえず、あちこちに見かけられる、黄緑色でマークされた、ある程度まとまった部分を拾い読みしてみてください。この部分はすべてマルクス自身が書いたものですので、マルクスの文章の息づかいを感じていただけるのではないかと思います。そのうえで、シュヴァルツの解説（「『資本と労働』第二版の成立とマルクス自用本の来歴について」）をお読みいただくと、本書のもともとの著者であるモストというずいぶんと個性的な人物の生涯と活動、そうした人物の作品にマルクスが改訂の手をくわえることになった事情、本書がながいあいだ埋もれたままになってきた理由、それが一九八四年になってあらためて日の目を見るようになった経過、などがおわかりになり、本書にたいする興味が大きくなると思います。そこで、あらためて本文をていねいにお読みください。そのさい、黄緑色のマークの部分と、『資本論』からの抜粋をしめすゴシック体の部分と、それ以外の部分との区別をなんらかの程度に意識されながらお読みいただくのもおもしろいでしょうし、そうした区別を無視して、いっきに読み通していただくのもいいかもしれません。

すると、これまでお読みになった入門書や解説書と違っているように感じられるところがいろいろあることでしょう。訳者としては、まず、「商品と貨幣」の章のなかでマルクスが大きく書き加えた箇所と「労賃」の章のなかで同じく彼が大きく書き換えた箇所とをじっくりとお読みいただきたいと思います。また、「現代の資本の起源」と「むすび」では、わたしたちが生きている資本主義社会が、そのまえの社会からどのようにして生まれてきたのか、そしてそれが、どのような新たな社会を産み落とすのか、ということが簡潔に述べられています。『資本論』の第一巻の内容は、この二つの部分を欠いては完結しません。ここからマルクスの壮大な歴史的感覚を感じとっていただきたいと思います。

本書を読まれたあと、資本主義についてのマルクスの理論をもっと立ち入って知りたいとお思いであれば、『資本論』第一巻（原書のページナンバーが記載されている大月書店版か新日本出版社版をお勧めします）に取り組まれることを期待しますが、そのまえに『資本論』全三巻の内容の全体をある程度まで体系的に知っておきたいという方には、拙著『図解　社会経済学――資本主義とはどういう社会システムか――』（桜井書店、二〇〇一年）がお役に立てるかもしれません。

第三は、『資本論』第一巻の内容をすでによくご存知のみなさんです。そのなかには経済学を専門的に研究しておられる研究者や教員の方もおいででしょう。本書を手にとってくださった関心の一つには、『資本論』第一巻の内容をマルクスがどのように平易化したのだろうか、ということがおありだったのだろうと推測します。そのような読者のみなさんには、本書の読み方についてここでわたしがとやかく申し上げるのは余計なことでありましょう。

そうではありますが、ご参考までに、わたしが、本書を読んではじめて『資本論』のある箇所の読み方がはっきりとわかったという、本書の読み方の一例をご紹介しておくことも、本書がたんなる入門書にはない独自の価値をもつものであることを知っていただくのに役だつのではないかと思います。

最初の章の「商品と貨幣」で、商品についてのモストの要約がきわめて不適切だったので、マルクスはかなり大きく削除したうえで、そこに自分の長い文章を書き入れました。この書き入れは、マルクスが、商品について説明をするときに、どのようなしかたで、どの程度にまで平易化してもいいと考えていたのだろうか、ということを推しはかるうえで、たいへん参考になります。

マルクスは『資本論』第一巻の第一版への序文で、「商品と貨幣」、ことに商品の分析を含む「商品」を理解するのは「いちばんむずかしいでしょう」と書き、さらに、「貨幣形態で完成した姿をとっている価値形態は、きわめて無内容で簡単なもの」であるのに、「人間精神は二千年以上もまえからそれを解明しようとして果たさなかった」のであって、この分析の部分が「難解」になっているのはやむをえない、と言ったうえで、それでも、「価値形態にかんする部分を別とすれば、本書を難解だと言って非難することはできないでしょう」と書きました。

そこで注目されるのは、マルクス自身が、「難解だと言って非難」されてもやむをえない、と言っていたその「価値形態にかんする部分」を、マルクスが「商品と貨幣」での書き入れのなかでどのように取り扱っているのか、ということです。マルクスの書き入れを『資本論』での価値形態論とくらべてみますと、それ以上に簡単な価値形態はありえないという「A　簡単な価値形態」から出発して、

「B　拡大された価値形態」および「C　一般的価値形態」を経たのちに、最も完成した価値形態である「D　貨幣形態」にまで到達する、価値形態の発展が辿られている、というかぎりでは、『資本論』での論述と一致していることがすぐわかります。ところが、そこに書かれている内容を読みますと、『資本論』でマルクスがはじめて明らかにした価値形態論の最も肝要な理論的内容のほとんどが、ここではばっさりと省かれているように感じられます。価値形態論のかなめは、なによりもまず、「A　簡単な価値形態」のなかでの「価値表現の回り道」の分析を踏まえて、等価形態の独自性を解明して、価値形態の謎と等価物の謎とを解くところにある、と考えられるのですが、書き入れではマルクスはこの部分にあたるところをあっさりと通り過ぎていきます。おそらくマルクスは、この入門的なダイジェストでは彼自身が「難解」だと考えていた部分に立ち入ることを避けてもいいと考えていたのでしょう。マルクスはまた、『資本論』での「商品の分析」のなかの「商品の物神的性格」の内容も完全に省いています。

それでは、マルクスのこうした書き入れは、平易化のさいにはなにを省いてもいいと彼が考えたか、ということを示しているだけのものなのでしょうか。

わたしは、一九八六年、岩波版『資本論入門』への「訳者解説」のなかで、ダイジェストでの「価値形態の展開についての叙述」では、「『資本論』とは違って、価値形態の展開は交換過程の叙述と結びつけて行なわれている」と書き、さらに、「ここで述べられていることが、たとえば『資本論』での価値形態の展開そのものの内容を平易に説いたものだなどと考えると、あらぬ誤解がうまれかねないであろう」とまで書きました。わたしがこのように書いたのは、『ダイジェスト』では、AからDまでのそれぞれの価値形態のいずれについても、まず交換関係が例示され、そこから価値形態がつかみだされている点で、『資本論』での叙述とは違っている、と考えたからでした。

しかしその後、ここでのマルクスの記述は、じつは、一般にしばしば見落とされている――そしてわたし自身もそれまでは十分につかむことができないでいた――『資本論』での価値形態の展開の一つの重要なポイントを強く示唆していることに気づきました。それは、「A 簡単な価値形態」と「B 拡大された価値形態」と「C 一般的価値形態」の三つの価値形態のいずれもが、交換が発展し高度化していくさいに順次に現われる三つの基本的な交換関係を前提しており、それらのなかからそれぞれに含まれている価値表現を純粋にとりだしてそれを分析しているものなのだ、ということです。このことがわかってから、価値形態についてわたしの頭のなかに残っていた最後の「もやもや」がすっかり消えたように感じました。「訳者解説」のなかで『資本論』とは違って」と書いたのは誤りで、じつは、このダイジェストでマルクスがきわめて平易な表現で書いていたのは、交換関係の深化・発展に含まれる価値表現の発展を徹底的につきつめて理論的に把握し、それを順次に展開するという、まさに『資本論』での価値形態の展開そのものだったのです。こうして十分に確信をもつことができるようになったわたしの価値形態理解を、わたしは「価値形態」(『経済志林』第六一巻第二号、一九九三年）という論文にまとめました。この点に興味をおもちくださるかたは、とりあえず、さきに挙げました拙著『図解　社会経済学』の価値形態についての説明のところをご覧ください。そこには、わたしのこうした理解を八ページに圧縮して述べてあります。

以上、『ダイジェスト』でのマルクスの書き入れが『資本論』の理解に重要な示唆を与えている一つの例を挙げました。わたしの場合、ほかにもまだそのような箇所がいくつかありますが、そうした箇所をみつけて考えていただくのは、読者のみなさんにおまかせいたしましょう。黄緑色のマークがつけられた箇所をていねいにトレースしていただくと、新しい発見があるのではないかと思います。

マルクス自身が加筆・改訂した『資本論』ダイジェストが、本訳書によって、『資本論』への入門書として、またマルクス自身による『資本論』解説として、読者のみなさんのお役に立てることを心から願っています。

二〇〇九年秋

訳者

凡例

[底本について]

本書は、Johann Most: *Kapital und Arbeit. Ein populärer Auszug aus „Das Kapital" von Karl Marx.* Zweite verbesserte Auflage. Druck und Verlag der Genossenschaftsbuchdruckerei Chemnitz G. Rübner u. Co. 1876 の日本語訳に諸種の注記と解説を加えたものです。テキストの底本には、原書のリプリント版（Reprint. Herausgegeben von der Marx-Engels-Stiftung e. V., Wuppertal. 1985）を使用し、MEGA第二部第八巻に付録として収められた『資本と労働』第二版を参照しました。その他の注記と解説には、右のリプリント版への「コメンタール」（Kommentar zu der von Karl Marx überarbeiteten zweiten Auflage des „populären Auszugs" aus „Das Kapital" von Johann Most aus dem Jahre 1876. Herausgegeben von der Marx-Engels-Stiftung, Wuppertal 1985）、ならびに、MEGA第二部第八巻所収の『資本と労働』への「異文目録」、「成立と来歴」および「注解」を利用しました。

[本文への補足と注について]

本文への訳者による補足

『資本と労働』の本文のなかで、括弧〔 〕でくくられた箇所は訳者によるものです。事柄の簡単な補足説明のほか、理論的に舌足らずとなっているところへの補足などを行なっています。

本文への二種類の注記

本文には、訳者注と異文注という、二つの違った種類の注をつけました。注記号も違ったものを使いました。どちらも、奇数ページの左欄外に置きました。訳者注と異文注とがある場合には、まず訳者注を掲げ、そのあとに異文注を置いています。

訳者注

注の一つは、語句や事実を説明したり、理論的な展開を理解するのに知っておかれることが望ましい事柄を補足したりする、訳者による注です。注記号には星じるし（*、**、***、****……）を使いました。この訳者注では、注記号はいつでも、該当箇所の末尾につけてあります。語句の説明の場合には、注の最初にその語句を掲げてあります。

この訳者注のなかで、たとえば、「「現代の生産様式」〔158・162〕」となっているのは、「「現代の生産様式」という語句が本書の一五八ページと一六二ページとにあります」という意味です。また、注の末尾で、たとえば「→社会主義〔165〕」となっているのは、「本書の一六五ページにある訳注「社会主義」を見てください」という意味です。

また、この訳者注のなかに、MEGA第二部第八巻所収の「注解」のなかから参考になるものを選んで、訳出しておきました。その場合には末尾に「〔MEGAの注解から〕」と記してあります。

なお、この訳者注のなかでの語句の説明を「用語解説」として利用していただくのに便利なように、巻末に五十音順の「用語解説索引」をつけておきました。

異文注

注のもう一つは、マルクスが「改訂第二版」での改訂作業で、『資本と労働』第一版での記述をどのように変更したのか、ということを示す「異文注」です。注記号にはアラビア数字（1、2、3……）を使いました。この異文注では、注記号はいつでも、該当箇所の先頭につけてあります。ここでは、いくつかの簡単な記号を使って、本文でのマルクスによる記述が第一版ではどうなっていたのか、ということを示しています。それには、三つのケースがあります。

(1)マルクスによる語句や文章の変更

これは、マルクスが改訂作業のさいに、第一版でのモストの語句や文章を別の語句や文章に変えた場合です。この場合には、まず第二版でのマルクスの記述を掲げ、そのあとに第一版でどうなっていたのかを示しています。両者のあいだに「←」という記号を置いていますので、すぐおわかりになると思います。

たとえば、「このたぐいの←ラサール主義のたぐいの」となっているのは、第一版で「ラサール主義のたぐいの」となっていたところをマルクスが第二版で「このたぐいの」に変更した、ということですし、「そのまま〔unmittelbar←direkt〕」となっているのは、本書で「そのまま」と訳している語は、その原語が第一版でdirektとなっていたところをマルクスが第二版でunmittelbarに変更した、ということです。

なお、モストやマルクスが当時使っていたドイツ語の綴りには、現代の正書法による綴りとは違うところがあります。

異文注のなかでドイツ語を示すときにも、モストやマルクスが使った綴りをそのまま掲げていますので、いま普通に使われている綴りとは違っている場合があります。ドイツ語をご存知の方はご注意ください。

⑵マルクスによる語句や文章の挿入

これは、マルクスが改訂作業のさいに、語句や文章を挿入した場合です。この場合には、マルクスが挿入した語句や文章を掲げ、その前に「⸢:」、その後に「:⸥」という記号をつけてあります。

たとえば、「⸢:とそれに対応する社会的に必要な労働時間:⸥」となっているのは、マルクスが第二版で「とそれに対応する社会的に必要な労働時間」という語句を挿入した、ということです。

⑶マルクスによる語句や文章の削除

これは、マルクスが改訂作業のさいに、第一版にあった語句や文章を削除した場合です。この場合には、マルクスが削除した語句や文章を掲げ、その前に「〈」、その後に「〉」という記号をつけてあります。そして、本文のなかの、削除された語句や文章の前か後の、あるいは前後の語句を示して、繋がりがわかるようにしてあります。

たとえば、「たいてい、〈もともとの貨幣の姿で、〉」となっているのは、本文のなかの「たいてい、」という語句のあとに第一版では「もともとの貨幣の姿で、」という語句があったのをマルクスが削除した、ということです。また、「〈資本の最初の現象形態は貨幣形態です。〉歴史的には」となっているのは、本文のなかの「歴史的には」の前に第一版では「資本の最初の現象形態は貨幣形態です。」という文章があったのをマルクスが削除した、ということです。

［「『資本と労働』第二版の成立とマルクス自用本の来歴について」について］

一九八五年にマルクス＝エンゲルス財団が、新たに発見された、『資本と労働』改訂第二版のマルクス自用本をリプリント版として刊行したさい、それには、ヴィンフリート・シュヴァルツによるそれへの「コメンタール」がつけられていました。これには、「成立と来歴」、「マルクスの自筆訂正の一覧」、「テキストの分析」の三つが収められています。本書には、『資本と労働』の「改訂第二版」の本文のあとに、この「コメンタール」のうちの「成立と来歴」を、「『資本と労働』第二版の成立とマルクス自用本の来歴について」という表題をつけて訳出しておきます。

この「成立と来歴」には、筆者シュヴァルツによる注に加えて、ＭＥＧＡ第二部第八巻に収められている、『資本と労働』第二版についての「成立と来歴」での記述から、読者の参考になると思われる箇所を——追加の注として、あるいはシュヴァルツの注への追記として――補足してあります。訳者の補足はすべて括弧〔〕で括ってあります。

なお、注のなかには、繰り返して『マルクス＝エンゲルス全集』への指示がでてきますが、そのさい掲げられているページはすべて、ドイツ語版原書のページです。たとえば「第三四巻、一二〔原〕ページ」というのは、大月書店刊行の『マルクス＝エンゲルス全集』第三四巻の底本であるドイツ語版『全集』第三四巻の一二ページのことです。この原書ページは日本語版『全集』の上欄外に記載されていますので、日本語版『全集』の該当ページを簡単に見つけることができます。

マルクス自身の手による

資本論入門

カール・マルクス　科学的社会主義の創始者です。一八一八年にドイツに生まれましたが、革命家としてドイツ、フランス、ベルギーの諸国家から追放されて各地を転々としたのち、一八四九年からロンドンに落ち着き、一八八三年にここで最期を迎えました。大学で法学、歴史学、哲学を学び、はじめヘーゲル左派に属しましたが、フォイエルバッハの唯物論に接してヘーゲルの観念論を徹底的に批判し、さらにフォイエルバッハをも乗り越えて、唯物論的な歴史観（唯物史観）を確立しました。この過程で革命的民主主義者から共産主義者（社会主義者）となり、生涯、国際労働運動および社会主義運動の発展に尽くしました。マルクスは、社会の諸問題を、とりわけ社会の発展、交替を理解するカギが人間の生活関係のなかに、つまりは人びとの経済的関係のなかにあると考えて、経済学の研究に最大のエネルギーを注ぎました。その成果が『資本論』です。

→科学的社会主義［29］、『資本論』［29］

はじめに

資本主義的生産様式がこの世に現われたそのときから、この生産様式*をすっかり取り除いてそれに代わるもっと公正でもっと公益にかなった生産様式をつくりだそうという取り組みが見られました。ときにはあちらで、ときにはこちらで、そのためのいろいろな考えが開陳《かいちん》されてきましたが、たいて

---

* **生産様式**　文字どおりには「生産のしかた」ということです。この語は、生産の場での技術的方法や労働者の結合のしかたを意味することがあります（「生産様式が根本的に変革される」[87]とか、「大工業がもたらした生産様式の変革」[91]という場合がそうです）が、本書ではほとんど、社会のなかで生産がどのようなしかたで行なわれているのか、ということを意味しています。そのさいのかなめは、労働する人びとがどのような社会的関係のなかにあり、どのようにして物的な生産手段（土地、道具・機械、原材料）と結びついて生産するのか、ということです。この意味での「特殊的な歴史的生産様式」[132]が人間社会の歴史的形態を特徴づけ、区別します。「資本主義的生産様式」（「現代の生産様式」[158・162]）は、そのうちの一つです。この生産様式が優勢を占める「こんにちの社会」[28・166]すなわち「現代のブルジョア社会」[149]が「資本主義」[28・30・105・136]すなわち「資本主義社会」[35]です。これに先行したのは、「封建的生産様式」[157]が優勢を占める封建社会でした。資本主義に続く社会（「より高度の社会形態」[126]、「もっと高度な、もっと高潔な社会」[166]）が、「アソシエートした労働の生産様式」すなわち「協働組合的な生産様式」[164]を土台とする「アソシエーション」[162・163]、「社会主義または共産主義」[28・30]すなわち「社会主義的な社会形態」[78]です。→協働組合的生産様式[165]、社会主義[165]

いは、現状の一面しか見ていない嘆《なげ》きの歌とメダルの表裏をなしている、未来の社会組織についての幻想的な夢物語でした。そのようなもくろみは、貧しく苦しんでいる人びとに慰《なぐさ》めと希望を与えることには役だちましたが、それ以上の意味はもてず、ですからまた、きまってまもなく忘却のかなたへと姿を消したのでした。

いまの時代になってやっと、こんにちの生産様式の変革を、つまりはこんにちの社会の変革をめざすさまざまの努力が、確固とした根拠と実践的な立脚点とをもつようになり、人民のすべての敵が恐れるまでに成長しました。たしかに、まだあちこちで、わずかの愚昧《ぐまい》な指導者たち、あるいは反動に買収されたその子分たちが、言葉巧《たく》みにいろいろな空想を信じ込ませて人びとを恥知らずにもてあそんではいますが、しかし勤労階級のあいだでの知識の普及がめだって進みつつあるので、まったく素《そ》朴《ぼく》なプロレタリアでさえも[1]このたぐいの悲喜劇的な妄想《もうそう》の産物には軽蔑《けいべつ》的に肩をすくめるだけであるような時代はもうそれほど遠いことではないでしょう。未来はまさに、科学的社会主義の肩にかかっています。

カール・マルクスの『資本論』が出版されて、現代の社会主義は確固とした基礎を、無敵の武器を手に入れました。この著作は、どんな社会も、だれか個人が頭のなかで捻《ひね》り出したプランを実現するというようなしかたで作り出すことができるようなものではないことを明らかにしているので、たしかにあれこれの楽観的な幻想を打ち砕いてしまいますが、他方でそれは、資本主義が社会主義または

* このパラグラフでモストが念頭においていたのは、再洗礼派の人びと、カンパネラ、トマス・モア、空想的な社会主義者および共産主義者の見解だったのかもしれません。マルクスとエンゲルスは、『共産党宣言』の「批判的・空想的な社会主義および共産主義」の節で、彼らの誤りを指摘するとともに、その貢献を評価していました。〔MEGAの注解から〕

** **プロレタリア、プロレタリアート**　生産手段と貨幣とを手中にもつ有産階級であるブルジョアジーに対して、生産手段から切り離されていて労働力以外に売るものをもたない無産の賃労働者階級を「プロレタリアート」と呼びます。古代ローマで無産者を意味した proretarius からきた言葉です。個々の無産者を指すときには「プロレタリア」と言います。→ブルジョア、ブルジョアジー 15

*** **科学的社会主義**　マルクスおよびエンゲルスが理論・思想としての自分たちの社会主義を、「空想的社会主義」に対比して「科学的社会主義」と名づけたことは、エンゲルスの著書『空想から科学への社会主義の発展』のフランス語版の表題「空想的社会主義と科学的社会主義」を見ても、またこの版に寄せた序文のなかでマルクスがこの書を「科学的社会主義への入門書」と呼んでいることからも明らかです。二人がそれに「科学的」という呼び名を与えたのは、彼らは、資本主義的生産様式の科学的な研究によって、資本主義は必然的に社会主義に移行すること、そして、この移行のさいに労働者階級は自己自身と人類一般をあらゆる搾取と抑圧と疎外から解放するという歴史的役割を果たすことを明らかにすることによって、社会主義をめざす労働者階級の闘争にゆるぎない基礎を置いたからです。

**** このパラグラフでモストが念頭においていたのは、第一版で彼が「ラサール主義のたぐいの」と明示していたように、フェルディナント・ラサールでした。第二版でのこの「はしがき」でラサールの名が削られた理由は、一八七五年のアイゼナッハ派とラサール派の統一大会にあったのかもしれません。〔MEGAの注解から〕→ラサール 135

***** **『資本論』**　マルクスの主著であり、科学的社会主義の最大の古典です。一八六七年に第一巻が刊行され、彼の死後、遺された草稿からエンゲルスが第二・三巻を編集し、刊行しました。第一巻は「第一部　資本の生産過程」を、第二巻は「第二部　資本の流通過程」を、第三巻は「第三部　資本主義的生産の総過程」をそれぞれ収めています。マルクスは、『資本論』で資本主義的生産様式の運動法則を明らかにすることによって、社会主義の運動を科学的に基礎づけました。

****** **社会主義**　→社会主義 165

1　このたぐいの↑ラサール主義のたぐいの

共産主義の萌芽を自分のなかに秘めていること、そして資本主義は、自然法則が貫いているのと同じ必然性で、言い換えれば、それ自身のなかに貫いているもろもろの法則によって、社会主義または共産主義へと発展していかないではいない、ということを証明しているので、明晰《めいせき》にものを考えることができるすべての社会民主主義者*に、勝利へのゆるぎない確信を与えています。

『資本論』は、その第一巻が刊行されたばかりなのにすでに広範な読者を獲得していますが**、勤労人民大衆のなかではまだあまり普及していません。この著作の値段***は、その分厚い外形と比べただけでも、ましてそれに含まれている著者の膨大な労働量と比べれば、けっして高いものとは言えませんが、それでも、労働者たちがいまおかれている苦悩に満ちた状態のもとでは、望まれるような普及の妨げとなっています。それに加えて――自分自身がプロレタリアであるわたしにはこのことを強調する資格があると思いますが――人びとの教養の欠如がこの書物を理解することを妨げています。マルクスが主題の科学性が許すかぎりわかりやすく書こうと苦心したことは間違いありませんが、それでも、系統的に行なわれてきている人びとを愚昧化《ぐまいか》する政策のために普通はないような高い水準の素養を前提にしています。

そこでわたしは、比類なく重要なこの著作に含まれている、少なくとも最も本質的なものを、労働者が安い値段で、またわかりやすいかたちでつかみとることができるようにするために、投獄****によってもつことを強いられたわたしの余暇を、とりわけ、『資本論』を抜粋しながらそれを平易化する仕事に使ったのでした。

わたしは、多くの部分を原文どおり、そうでない場合でも——主として一般には使われていないような外来語を避けるために——その一部をわずかに変更するだけで、そのまま書き写しました。でも、かなりの部分は要約的に解説するだけにとどめたほうがいいと思いましたし、また重要ではないと思った部分はまったく無視しました。勤労階級の状態を詳しく伝えている膨大な記述はぜひとも引用したかったのですが、普及を目的とするこの小冊子が許されるぎりぎりの容量を考えれば、それを断念せざるをえませんでした。それに、労働者のだれもが、自分の経験を通じて、勤労階級がいまどういう状況に置かれているかということをよくわかっていることでありましょう。わたしはこの書物を

---

* **社会民主主義者**　現代では「社会民主主義」という語は、科学的社会主義（マルクス主義）と自分を区別する社会主義の思想と運動とを指すのに用いられていますが、一九世紀から二〇世紀の初頭までは、社会主義の思想と運動がしばしば「社会民主主義」と呼ばれていました。ドイツで一八六九年に誕生した社会主義政党も「社会民主労働者党」という名称をもち、その活動家たちは「社会民主主義者」と名乗っていました。ここでの「社会民主主義者」は「社会を変革しようとする人びと」と読み替えることができるでしょう。

** **広範な読者を獲得しています**　一八六七年刊行の『資本論』ドイツ語第一版の部数は一〇〇〇部、一八七二—一八七三年刊行のドイツ語第二版の部数は三〇〇〇部、一八七二年に刊行されたロシア語の翻訳の部数は三〇〇〇部、一八七二年にパリで刊行が開始されたフランス語版の部数は一万部でした。〔MEGAの注解から〕

*** **この著作の値段**　『資本論』ドイツ語第一版の各分冊の値段は三⅓ターラーでした。〔MEGAの注解から〕→ターラー [41]

**** **投獄**　モストは一八七三年、ツヴィカウの州監獄に八か月間拘留されていました。〔MEGAの注解から〕

1　自然法則が貫いているのと同じ←自然史的な

〔『資本論』での章別にはこだわらないで〕かなり恣意《しい》的に各章に分けましたが、わかりやすくするためにはそうすることがいいのではないかと考えたからです。
この小冊子が人びとを目覚《めざ》ますことになれば、わたしの意図した目的は達せられたことになります。それでもやはり最後に、もし買えるだけの金額の貨幣が手もとにあれば、マルクスの『資本論』をぜひとも購入されるよう、心からお勧めしないではいられません。

ツヴィカウ、[*] 一八七三年一〇月[**]

では、読者の皆さんにご挨拶と握手を!

ヨハン・モスト

* ツヴィカウ　ザクセン地方、ライプツィヒ南方の都市。↓ザクセン〔103〕

** 一八七三年一〇月　モストによるこの「はじめに」は、本書の第一版(一八七三年)のために書かれたものです。本書の原書である、マルクスが加筆・改訂した第二版は一八七六年に刊行されました。

商品と貨幣

資本主義的生産様式が優勢を占める社会では、社会の富は商品の膨大な集まりとして、そして一つひとつの商品はこの富の要素をなす形態*として、わたしたちの目に見えています。

人間のなんらかの種類の欲求を満たすのに役だつ物、つまり使用対象として有用な物は、使用価値です。使用価値である物が商品となるためには、それは〔使用価値であるという属性に加えて〕さらに、もう一つの属性をもたなければなりません。それは交換価値という属性です。

交換価値は、有用な物がたがいに等しいものとして認められ、だからまたたがいに交換されることができるときの両者の量的な比率です。たとえば、20エレ**のリンネル＝1ツェントナー***の鉄というのがそうです。しかし、違った物どうしが比べられることのできる量であるのは、ただ、どちらも同じ名称の量である場合、つまり同じ単位の、両者に共通なあるものの倍数ないし分数である場合だけです。ですから、いま挙げた例で二〇エレのリンネルが一ツェントナーの鉄に等しいと言うことができるのも、ただ、リンネルと鉄のどちらも、なにか共通のものを表わしていて、この共通なものが、二〇エレのリンネルにも一ツェントナーの鉄にも同じ量だけ潜《ひそ》んでいる場合だけです。両者に共通なこの第三者はそれらの価値ですが、両方の物はそれぞれ自分の価値をほかの物とは無関係にもっています。ですから、商品の交換価値は、商品の価値の表現様式でしかなく、商品が価値をもっていることを見えるようにし、そしてまた商品の実際の交換を仲だちするのに役だつ形態でしかない、ということになります。わたしたちはあとでこの価値形態、つまり価値がとる形態に立ち戻りますが、まずは、この形態の内容である商品価値を見ることにしましょう。

商品の交換価値に表わされる商品価値は、商品をつくりだすときに費やされる労働、つまりそれのなかに対象化した〔つまり人間にとっての対象となった〕労働からなっています。けれども、労働が価値のただ一つの源泉である、というのはどのような意味でそうなのか、ということが、正確につかまれる必要があります。

未発展な社会状態では、同じ人間が、まったく違った種類のいろいろな労働を行ないます。あるときは畠《はたけ》を耕し、あるときは機《はた》を織り、あるときは鉄を鍛《きた》え、あるときは大工仕事を行なう、などなどです。しかし、彼の仕事がどんなに多種多様であっても、それらはつねに、彼が自分自身の脳髄、自分の神経、筋肉、手などを用いるときの、一言で言えば、彼が自分自身の労働力を支出するときの、それぞれ違った有用な仕方でしかありません。彼の労働が彼の力の支出――つまり彼が労働するということそれ自体――であることはいつでも同じままで、この支出の有用な形態、つまり労働の種類が、彼の目的とする有用な効果に応じて変化するのです。

社会が進歩するにつれて、同じ人が順次に行なっていた違う有用労働の種類はしだいに減っていき、さまざまの有用労働はますます、別々の人びとや彼らの集団が別々に行なう自立した職業的な営みになって行きます。ところで、資本主義社会では、生産者は、自分の必要のために生産するのではなくて、はじめから他人の必要のために、つまり市場にもっていくために生産するのであって、自分の生産物は、はじめから商品の役割を果たすべきもの、だから自分自身にとっては交換手段としてだけ役だつべきものですが、このような資本主義社会が存在できるのは、生産がすでに、たがいに並んで自立して営まれる有用な労働種類からなる一つの多岐《たき》的なシステムにまで、つまり広範に枝分かれした社会的分業****にまで発展したときだけです。

---

* **要素をなす形態**　原語は Elementarform です。資本主義社会は発達した商品生産社会です。ここでは「富」すなわち生産と消費のために人びとが必要とする財貨は、商品として、つまり市場で売るものとして生産されます。ですからこの社会の富は、商品の膨大な集まりとなっており、一つひとつの商品はこの富の要素《エレメント》をなしています。だから、商品という形態は、この社会で生産物がとる最も基礎的《エレメンタル》な形態なのです。

** **エレ**　ドイツでの古い長さの単位で、とりわけ布について用いられました。もともとは、腕のひじから先の部分に当たる長さで、マルクスの時代にはプロシャでは一エレ＝六六・六九センチメートルでした。

*** **ツェントナー**　マルクスの時代にドイツで使われていた重量単位で、一ツェントナー＝五〇キログラムでした。

**** **分業**　英語（division of labor）でもドイツ語（Arbeitsteilung）でも「労働の分割」という意味です。日本ではこれが「分業」と訳されてきました。「分業」という語をみたら、「労働の分割」と言い直してみてください。そうすることで前後の文脈がよくわかる場合があります。

それでも、以前に、さまざまの違う労働をこもごも行なっていた一個人について言えたことが、いまでは、多岐的な分業をもつこの社会について言うことができます。それぞれの特殊的な労働種類の有用な性格は、ここでもまた、それぞれの労働種類の生産物の特殊的な使用価値に反映しています。つまり、それぞれの労働種類が、特定の自然素材を、人間の特定の欲求を満たすのに役だつことのできるものにするときの、それぞれ独自の形態変化に反映しています。けれども、無限に多様なこれらの有用な労働種類のそれぞれが自立的に営まれているからといって、どの人間労働力の支出も他の人間労働力の支出と同じものであることに変わりはなく、もっぱら人間の力の支出というそれらに共通なこの属性においてそれらが商品価値を形成するのです。商品の価値が意味しているのは、そうした物の生産は人間労働力の支出を要したということ、しかも社会的な労働力の支出を要したということだけです。いま社会的な労働力と言いましたが、それは、発達した分業のもとではそれぞれの個人的な労働力は、もう、社会的な労働力を構成する一つの部分として作用しているだけだからです。ですから、発達した分業が成立したのちには、個人的な労働——ここでは力の支出という意味での労働——のそれぞれの量もまた、社会的な平均労働の、つまり社会的な労働力の平均的な支出の大小さまざまの量として意味をもつだけです。ある商品に対象化した平均労働が多ければ多いほど、この商品の価値はそれだけ大きいのです。

ある商品の生産に必要な平均労働がいつまでも同じままだとしたら、この商品の価値量[1]は変わらないままでしょう。しかしこういうことはありえません。なぜなら、労働の生産力は、労働者の熟練の平均度、〔のちに「大工業」の章でみるような〕科学の発展段階と科学の技術的[2]な応用可能性、〔のちに「協業と分業」の章でみるような〕生産過程のもろもろの社会的な結合、〔のちに「大工業」の章でみるような〕生産手段の規模と作用能力によって、また自然のもろもろの事情〔たとえば土地の豊度や天候など〕によって規定されるので、非常にさまざまでありうるからです。労働の生産力が大きくなればなるほど、財貨の生産に必要な労働時間はそれだけ小さくなり、財貨に結晶した労働量はそれだけ少なくなり、財貨の価値はそれだけ小さくなります。反対に、労働の生産力が小さければ小さいほど、財貨の生産に必要な労働時間はそれだけ大きく、財貨の価値はそれだけ大きいのです。ここで言っているのが、そのときどきの社会的に正常な生産力[3]とそれに対応する社会的に必要な労働時間＊のことだけであるのはもちろんです。たとえば、手《て》織《お》り工は、同じ量の〔まったく同じ〕織物を織り上げるのに、機械織り工よりも多くの労働を必要とします。それにもかかわらず、機械織りがいった

＊　社会的に必要な労働時間　マルクスは『資本論』で次のように書いています。「社会的に必要な労働時間とは、現存の社会的に正常な生産条件と、労働の熟練および強度の社会的平均度とをもって、なんらかの使用価値を生産するために必要な労働時間です。」どの商品の価値も、それぞれの生産に社会的に必要な労働時間によって規定されるわけです。

1　価値量←価値　2　技術的な←技術学的な〔マルクスは『資本論』第二版で、それ以前には「技術学的〔technologisch〕」と書いていたほとんどの箇所を「技術的〔technisch〕」に変更しました。マルクスは、本書第二版での改訂のさいに、本書第一版での「技術学的」をすべて「技術的」に変えています。〕　3　：とそれに対応する社会的に必要な労働時間：

ん普及してしまえば、手織り工がより多くの価値を生み出すことはけっしてありません。むしろこの場合には、手織りのほうで、同じ商品の量を機械織りで生産するときに必要な労働以上に費やされる労働が全部、無用な力の支出となってしまい、だからまたこの労働部分は価値を形成しないのです。

労働によって生み出されたのではない物、たとえば空気、野生の樹木などは、使用価値をもつことはもちろんできますが、価値をもつことはできません。他方で、人間の労働がつくりだす物も、それの直接の作り手たちの欲求を満たすことに役だつにすぎない場合には、商品にはなりません。ある物が商品になるためには、それは他人の欲求を満たさなければならず、したがって社会的な使用価値をもたなければなりません。

さてここで、交換価値に、つまり商品の価値が表現されるさいの形態に立ち戻りましょう。この価値形態は、生産物の交換から、またそれの発展とともに、しだいに発展していきます。

生産がもっぱら自家需要に向けられているかぎり、交換はごくまれに、それも交換者たちがちょうど余剰分をもっているようなあれこれの対象について生じるだけです。たとえば、毛皮が塩と、しかもまず最初はまったく偶然的なさまざまの比率で交換されます。この取引がたびたび繰り返されるだけでも、交換の比率はだんだん細《こまや》かに決められるようになり、一枚の毛皮はある決まった量の塩とだけ交換されるようになります。生産物の交換のこの最も未発展の段階では、交換者のそれぞれにとって、相手の交換者のもつ財貨が等価物★として役だっています。すなわち、それ自体として自分の生産した財貨と交換可能であるばかりでなく、自分自身の財貨の価値を見えるようにする鏡でもあるような、価値物として役だっているのです。

交換のその次に高い段階を、わたしたちはこんにちでもまだ、たとえばシベリアの狩猟種族のところで見ることができます。彼らが提供するのは、交換向けのほとんどただ一つの財貨、つまり毛皮です。ナイフ、武器、ブランデー、塩、等々といった彼らに供給される他人のすべての商品が、彼らにとってはそっくりそのまま、彼ら自身の財貨のさまざまの等価物として役だっています。このように

★ 等価物 「価値が表現されるさいの形態」を観察しているここで「等価物」と言われているのは、たんに「価値の量が等しいもの」ということではありません。ある商品、たとえば二〇エレのリンネルの所持者が、この商品をなにかほかの商品、たとえば鉄と交換しようとするとき、彼は、なによりもまず、交換で入手しようとする商品のある量、たとえば一ツェントナーの鉄を、自分の商品である二〇エレのリンネルにイコールだと認めます。いわば、自分の商品に「＝一ツェントナーの鉄」という「値札」——これは「＝一〇〇円」のような貨幣による値札の原型ないし萌芽です——をつけるわけです。この「値札」は、二〇エレのリンネルが「自分の価値の量は一ツェントナーの鉄の価値の量とイコールです」と言っているので、一ツェントナーの鉄は二〇エレのリンネルの「等価物」と呼ばれるのです。二〇エレのリンネルがこの「値札」をつけているかぎり、一ツェントナーの鉄は、二〇エレのリンネルの価値の大きさを見えるようにする鏡になっていますが、それと同時に、二〇エレのリンネルが「一ツェントナーの鉄とだったら交換しますよ」と言っているのですから、どの一ツェントナーの鉄も、二〇エレのリンネルとただちに交換できるものになっているわけです。このように、ほかの商品の価値の鏡となっていて、その商品とただちに交換できる力を与えられている商品が、ここで言う「等価物」なのです。このような特性をもっている等価物を、マルクスはすぐあとで「価値物」とも呼んでいます。ただし、次章「資本と労働」以降では同じ「等価物」という語が、たんに「価値の量が等しいもの」という意味で使われています。

毛皮の価値が受けとる表現が多様であることは、毛皮の価値を毛皮の使用価値から分離してイメージすることを習慣にしていきますが、他方では、同量の価値をたえず増えていく多数のさまざまの等価物で計量することが必要となる結果、この価値の大きさの表現が確定するようになります。つまり、ここでは毛皮の交換価値はすでに、以前ばらばらに行なわれていただけの生産物の交換の場合に比べて、はるかにはっきりした姿をもっていて、だからまた、いまではこれらの物そのものもすでに、はるかに高い程度で商品という性格をもっているのです。

こんどは、この取引を、異郷の商品所持者の側から観察してみましょう。彼らの各人はシベリアの狩人たちにたいして、自分の財貨の価値を毛皮で表現しなければなりません。こうして毛皮は一般的等価物*になります。一般的等価物は、他人がもつすべての商品と直接に〔つまりなにを介することもなしに〕交換できるばかりでなく、また他人のもつすべての商品にとって、共通の価値表現のために、だからまた、価値を計量したり比較したりするものとしても役だちます。言い換えれば、毛皮は生産物交換のこの範囲のなかで貨幣となるのです。このようにして同様に、あるときはこの商品が、あるときはあの商品が、広狭さまざまの範囲で貨幣の役割を演じました。商品交換が一般的になるにつれて、この役割は金銀に、つまり生まれながらにこの役割に最も適している商品種類に移っていきます。金銀が一般的等価物になるのです。金銀は他のすべての商品と交換でき、また他のすべての商品がともに、これで自分の価値を表現し、計量し、比較しあうのです。貨幣で表現された商品の価値は商品の価格と呼ばれます。たとえば、20エレのリンネル＝½オンス**の金で、さらに二分の一オンスの金が一〇ターラー***という貨幣名をもっているときには、二〇エレのリンネルの価値量は、一〇ターラーという価格で表現されることになります。

どの商品[1]でもそうですが、貨幣は自分の価値量を自分自身で表現することはできず、ほかの商品で表現するほかはありません。貨幣自身の価値は、それを生産するのに必要な労働時間によって決定されていて、同じ量の労働時間が凝固しているほかのすべての商品の分量で表現されます。価格表〔たとえば、1本の大根＝5円、1グラムの鉄＝100円、自転車1台＝1万円、1オンスのプラチナ＝50万円、等々、と書かれた表〕のそれぞれの項目を逆に読めば〔つまり、1円＝⅕本の大根、＝1/100グラム

---

* **一般的等価物**　一般的にどの商品にも価値量の鏡として役だっており、一般的にどの商品ともただちに交換できる力をもっている、そういう等価物という意味です。すぐあとで書かれているように、すべての商品が「共通の価値表現」をもち、「価値を……比較したりする」というのですから、ここではすでに「異郷の商品所持者」たちのもつ「すべての商品」は、たがいに価値を比較しあうような共通の交換場面にあることを、つまり交換のそのようなさらに「高い段階」をマルクスは念頭においているわけです。→等価物 [39]

** **オンス**　貴金属を計る重量単位で、トロイ・オンスの略です。一オンスは約三一・一グラムです。

*** **ターラー**　二〇世紀初頭までドイツで使用された銀鋳貨の名称で、貨幣単位としても使われました。モストの書が書かれた当時は、一ターラー＝三〇グロッシェンでした。なお、マルクスは『資本論』第一巻では一貫してイギリスの貨幣名（ポンド、シリング、ペンス）を使いましたが、モストの書では、読者であるドイツの労働者のために、それらをすべてターラーやグロッシェンに変えています。

1　どの商品←ほかのどの商品

の鉄、＝1万分の1台の自転車、＝50万分の1オンスのプラチナ、等々、のように読めば〕、貨幣の価値量がありとあらゆる商品で表現されていることがわかります。

生産物の交換は、貨幣に仲だちされるようになると、二つの違った、それでいてたがいに補い合う過程に分解されます。自分の価値をすでに自分の価格で表現していた商品が、貨幣に転化し、それから逆に、その貨幣の姿から、同じ価値量をもった、使用に予定されたほかの商品に再転化します。でも、取引をする人について見れば、ある商品所持者がはじめに自分の商品をだれかある貨幣所持者に譲渡し、つまり売り、次に、手に入れた貨幣と引き換えにほかのある商品所持者の財貨を手に入れます、つまり買うわけです。買うための売りと売ったのちの買いが行なわれるわけです。商品のこのような運動の全体が、商品流通と呼ばれるものです。

さて、ちょっと見たところでは、ある期間のあいだに流通する貨幣の量は、売られたすべての商品の価格の総額によって決まるように見えますが、そうではありません。たとえば、三重量ポンド*のバター、一冊の聖書、一本のブランデー、そして一枚の戦争記念メダル**が、四人の違った売り手から四人の違った買い手に、同時にそれぞれ一ターラーで譲渡されるときには、じっさい、この四つの販売を成し遂げるのに合計四ターラーが必要です。でも、〔一定の期間、たとえば一日のうちに、〕ある人が自分のバターを売って、それで手に入れた一ターラーを聖書の売り手のところにもっていき、聖書の売り手はこれまた一ターラーでブランデーを買い、ブランデーの醸造者がこの一ターラーで戦争記念メダルを買う、という場合には、合わせて四ターラーの価格をもつこれらの商品の流通をやり終えるのに、ただ一ターラーあれば足りますね。小事は大事。ですから、〔一定期間のうちに〕流通する[4]貨幣の量は、売られる商品の価格の総額を、同一の貨幣片が〔この期間のうちに〕流通する回数で割った数値によって決まるのです。

流通過程を簡単にするために〔つまり取引のたびに貨幣の質を確かめ、計量する面倒を省くために〕、貨幣として通用している物質のさまざまの決まった重量が、それぞれ特定の名前をつけられて、それぞれのかたち[5]に鋳造《ちゅうぞう》されます。つまり鋳貨《ちゅうか》となるわけです。

でも、金銀でできた鋳貨は、流通しているうちに磨り減っていくので、金銀鋳貨の一部は、もっと低い価値をもった金属によって置き換えられます。たとえば、金鋳貨のいちばん小さい分割部分が、銅などでつくられた章標（補助鋳貨）によって代理されるようになります。そしてついには、ほとんど価値のない物にまで貨幣の刻印が押されることになります。たとえば紙幣は、金または銀のある量

＊　**重量ポンド**　貨幣単位としての「ポンド」との混同を避けるために、重量の単位としての「ポンド」を「重量ポンド」としました。

＊＊　**戦争記念メダル**　栄誉賞でも勲章でもなく、出征した兵士に授与されたただの記念メダルのことです。〔MEGAの注解から〕

1　ある期間のあいだに流通する↑同時に存在する　2　⁝四人の違った買い手に、同時に⁝　3　譲渡されるときには、じっさい、……必要です↑譲渡されると仮定すれば、……必要であるように見えます　4　⁝流通する⁝　5　に鋳造されます。つまり鋳貨となるわけです↑を与えられ、鋳貨とされました

をシンボリックに（象徴的に）表わしています。強制通用力をもつ国家紙幣には、このことは完全にそのまま[1]妥当します。

貨幣が流通の外部に取り出されて、そこに留め置かれると、蓄蔵貨幣の形成が行なわれることになります。商品を売ってもそのあとで商品を買わない人は貨幣蓄蔵者です。生産が未発達な民族、たとえば中国人のところでは、蓄蔵貨幣の形成はたえず、また無計画的に行なわれ、金銀が埋蔵されています。

しかし、資本主義的生産様式をもつ社会でも、蓄蔵貨幣の形成は必要です。流通のなかにある商品の量も、商品の価格も、商品の流通の速度もたえず変動にさらされていますから、そうした流通が必要とする貨幣の量も増減します。ですから、こうした増減のための貯水池が必要で、貨幣はこの貯水池に向けて排出され、また必要に応じて、貯水池からふたたび流通にやってきます。こうした、貨幣の給排水溝《こう》の、つまりは蓄蔵貨幣貯蔵庫の最も発達した形態が銀行です。発展したブルジョア社会[*]では、商品—貨幣—商品　という商品流通が、貨幣については、じかに手でつかめる形態で行なわれることが少なくなればなるほど、そうした仕組みが必要であることが明らかになってきます。生粋の小[2]売り取引のところを無視すると、貨幣はむしろおもに[3]、ただ計算貨幣として機能し、最終的には支払手段として機能します。買い手と売り手は、債務者と債権者になります。債務関係は証書によって確定されます。商品流通に参加して、あるときは買い、あるときは売るというさまざまの人物は、こうした証書を使って、たがいに負った債務額を相殺《そうさい》します〔つまり債権と債務とをプラスとマイナスとして帳消しにします〕。このようなしかたで決済が行なわれているときに〔債務不履行がつぎつぎと波及していくことによって〕生じる全面的な行き詰まりが、貨幣恐慌と呼ばれるものです。だれもが現金として通用する貨幣を欲しがり、頭のなかにあるだけの貨幣〔つまり債権〕とはいっさいかかわりをもたないようにしようとする、ということによって、この貨幣恐慌が人びとに感じられるようになります。

特別な重要性をもっているのは、世界交易のための蓄蔵貨幣貯水池★★です。というのも、世界貨幣★★★は、[4]たいてい、金銀の地金《じがね》のかたちで現われるのだからです。

★ ブルジョア、ブルジョアジー　資本家階級、すなわち、資本主義的生産様式のもとで賃労働者を雇用し、自分の資本を増殖している階級のことをブルジョアジーと呼びますが、この語はとくに、労働力のほかに売るものをもたない無産の賃労働者階級に対して、生産手段と貨幣とを所有する、資本主義社会における有産階級を意味します。個々の資本家（有産者）を指すときには「ブルジョア」と言います。フランス語の bourgeois, bourgeoisie からきた言葉で、もともとは中世の市場町 (bourg) の市民またはその階級を意味していました。ドイツ語では、これらにほぼ対応するものとして、「市民、市民階級」をも意味する Bürger, Bürgertum という語が使われます。→プロレタリア、プロレタリアート [29]

★★ 世界交易のための蓄蔵貨幣貯水池　資本主義社会は、それぞれ国家によってまとめられたもろもろの社会として存在します。金（または銀）が貨幣であっても、それぞれの社会では、貨幣は、ポンド、ドル、円など、国家ごとに異なる貨幣名をもち、そうした貨幣名が刻印された鋳貨というユニフォームを着て流通しています。ですから、国境を越えて行なわれる商品取引すなわち国際貿易では、最終的な決済のために各国間を行き来する貨幣、すなわち世界貨幣は、それぞれ違うユニフォームを脱ぎ捨てた金、つまり金地金でなければなりませんでした。ですから、世界交易の決済のための支払にそなえて、どの国でも金そのものが蓄蔵貨幣の形態で蓄えられている必要がありました。私人のもとでばらばらに蓄蔵されている金もそれの一部ですが、決定的に重要なのは、銀行に集中している蓄蔵貨幣、すなわち銀行の、そしてとくに各国の中央銀行の地金準備です。それぞれの国内では、金鋳貨も流通してはいましたが、中央銀行が兌換（無条件で金と引き換えること）を約束した銀行券が流通することによって、一国にある金の大きな部分が中央銀行の金庫に集まっていました。これが「世界交易のための蓄蔵貨幣貯水池」です。

＊＊＊

世界貨幣　二〇世紀初頭までは、金が世界貨幣であることが目に見えて明らかでした。第一次世界大戦（一九一四―一九一九年）のさいに、各国は金の輸出入を禁止して、銀行券は兌換されない不換銀行券となった（金本位制が停止された）ために、民間での国際的な決済は著しく不自由となりました。そこで大戦が終わると各国は、兌換を再開して、金を世界貨幣として明示的に承認する貨幣システムに戻ろう（金本位制に復帰しよう）と試みましたが、一九三〇年代初頭に各国に波及していった世界恐慌はそれらの試みを破綻させ、結局どの国も最終的に、銀行券の兌換を停止した「不換制」に移行しました。この時期から世界貨幣は「金銀の地金のかたちで現われる」ことをやめ、それに代わって、外国の通貨当局には金一オンス＝三五ドルの比率でドルを金に交換する、という約束によって、世界貨幣である金にリンクしたアメリカ・ドルが、「国際通貨」として機能するようになりました。ところが、一方で世界中に散布されるドルが膨張していったのにたいして、他方でアメリカの金保有量が減少し、金ドル交換の約束の維持が懸念されるなかで、一九七一年にアメリカは金ドル交換の停止を発表しました（ニクソン・ショック）。これによってドルは世界貨幣金との公的なリンクを失いました。それ以後は、各国通貨のあいだの交換比率（為替相場）は、金との繋がりのないまったくの相対的な比率となり、各国の変動相場制への移行とその常態化が進みました。いまのところ国際交易の決済には、依然としてドルが広く使われており、金との公的な結びつきを失った一国の通貨ドルが「国際通貨」として、かつて金が果たしていた、国際交易を決済する世界貨幣の機能の一部を果たしています。しかし、この国際通貨制度が金との公的なリンクをもたないことによる不安定性が、さまざまの局面で人びとに、世界貨幣として十全に機能することができるのは金だけであることを思い知らせています。

1　そのまま〔unmittelbar ← direkt〕　2　⁝生粋の小売り取引のところを無視すると⁝　3　おもに、ただ ← たんに　4　たいてい、〈もともとの貨幣の姿で、〉

さて、貨幣はどのようにして資本に転化するのでしょうか。

そもそも資本〔の成立〕を話題にできるのは、商品を生産し、商品流通があり、商業が営まれている、そういう社会についてだけです。こうした歴史的な前提があるところでだけ、資本は成立することができます。一六世紀に近代的な世界貿易が展開され、世界市場がつくりだされるところから、資本の近代的な生活史が始まります。

歴史的には[1]、資本は土地所有にたいして、どこでも最初はまず貨幣の姿[2]で、つまり貨幣財産、商人資本、高利貸資本の姿[3]で立ち向かいます。貨幣としての貨幣と資本としての貨幣とは、さしあたりはただ、両者の流通形態の違いによって区別されるだけです。

つまり、売ってから買う（商品―貨幣―商品）という、商品流通の直接的な形態と並んで、もう一

1　〈資本の最初の現象形態は貨幣形態です。〉歴史的には　2　姿↑形態　3　姿↑形態

つ別の流通形態が、つまり、買ってから売る（貨幣―商品―貨幣）という流通形態が登場するのです。ここでは貨幣はすでに、資本の役割を演じています。貨幣の仲立ちによって行なわれる単純な商品流通では、商品と商品とが交換されたのにたいして、商品の仲立ちによって行なわれる貨幣流通では、貨幣が貨幣と交換されます。

もし、こうした仕方で、ただし、貨幣を同じだけの量の貨幣と、たとえば一〇〇ターラーを一〇〇ターラーと交換しようとするのであれば、これはまったく意味のない行為です。一〇〇ターラーを手のなかにしっかりと握りしめていたほうがはるかに賢明でしょう。でも、そのような無意味な交換がもくろまれるわけではけっしてなく、〔目的は、〕貨幣をより多くの貨幣と交換し、買うのよりも高く売る、ということなのです。

単純な流通〔商品―貨幣―商品〕では、[1]はじめに登場する商品も、あとに登場する商品も、流通からそのそとに出て消費されます。これにたいして、貨幣が[2]流通の出発点および終点となっている場合には、あとに現われる貨幣は、なんべんでも繰り返して[3]同じ運動を始めることができます。そもそも貨幣は、こういう運動を行なっているかぎりでだけ、資本であり続けます。自分の貨幣に[4]このような種類の流通をやりとおさせる、そのような貨幣所持者だけが資本家なのです。

ですから、けっして、使用価値を資本家の直接の目的だと考えてはいけません。個々の利得もそうではありません。ひたすら利《り》殖《しょく》する、という無休の運動だけが資本家の直接の目的なのです。富を成そうとするこの絶対的な価値の追求は、資本家にも貨幣蓄蔵者にも共通です。でも、貨幣蓄蔵者は気の狂《ふ》れた資本家でしかありませんが、資本家は[5]抜け目のない貨幣蓄蔵者なのです。より高く売るために買う、という意図が最もはっきりと見えるのは商業資本の場合ですが、しかし産業資本もまったく同じ意図をもっています。

たいていの場合、剰余価値[*]は、資本家が自分の商品をそれの本来の価値よりも高く売ることによって生じるものだと考えられています。でも、売ることをするその同じ資本家たちは、また、買うこともしなければなりません。ですから、商品にたいして同じくそれの価値よりも多くを[6]支払わなければならないはずですから、[7]この考えが正しいのだとすれば、資本家階級は、けっして自分たちの目的を達成することができないでしょう。でも、階級を度外視して個々の資本家たちだけを観察しても、次のことがわかります。すなわち、たとえば、ある資本家が四〇ターラーのワインを五〇ターラーの穀物と交換することができて、その結果この売りで一〇ターラーを儲けるということもありえますが、

★ **剰余価値**　マルクスはここでとりあえず、「買うのよりも高く売る」ことによって資本家が手に入れる価値を「剰余価値」と呼んでいます。この章のこれ以降の部分と次の章では、この剰余価値を資本家が手に入れることができるのはなぜか、剰余価値はほんとうはどこでどのようにして生まれるのか、ということが重要なポイントになります。

1　はじめに登場する商品も、あとに登場する商品も ↑ 二度登場する要因である商品は　2　流通 ↑ 流通過程　3　同じ運動 ↑ 過程　4　このような種類の流通 ↑ この過程　5　抜け目のない ↑ 合理的な　6　支払わなければならないはずですから ↑ 支払わなければなりません。　7　この〔jener ↑ dieser〕

しかし、この両方の商品の価値の合計は、まえにもあとにも九〇ターラーのままで、ただ、この価値の総額の配分が変わっただけです。一方が他方から、ずばり、一〇ターラーをくすねたのだったとしても、[1]なにも変わるところはないでしょう。フランクリン*の言うところでは、「戦争は略奪であり、商業はだましとりである」のです**。つまり、剰余価値はこのような仕方では生まれません。貨幣をより多くの貨幣と直接に交換する高利貸も剰余価値を生みだすことはありません。[2]高利貸は、ただ、まえからある価値を他人のふところから自分のふところに吸い上げるだけです。[3]ですから、個々の資本家たちがたがいにどんなにだましあったとしても、売買だけによっては剰余価値はけっして発生しません。剰余価値は、むしろ、流通の領域の外部でつくりだされるのであって、流通の領域ではそれが実現されるだけ、[4]貨幣化されるだけなのです。

どれだけ繰り返して持ち手を替えようと、貨幣は殖《ふ》えてはいかないし、商品もひとりでに増加することはありません。ですから、商品が買われたあと、そしてそれが売られるまえに、それの価値を高めるようななにごとかがこの商品に起こらなければなりません。商品は、この合間の段階で消費されなければならないのです。

しかし、商品を消費してこの消費から価値を引き出すためには、貨幣所持者は市場で、消費するあいだに[5]価値になっていくというすばらしい属性をもっている商品、つまりその消費が同時に価値創造であるような商品をみつけなければならないでしょう。そしてじっさい、貨幣所持者は市場でそのような商品をみいだすのです。すなわち、労働力という商品です。

わたしたちが労働力または労働能力と言うのは、人間の肉体のうちに、つまり生きている人格のうちにあって、彼がなにかの種類の使用価値を生産するときに運動させる、肉体的能力および精神的能力の総体のことです。

人間が自分の労働力を商品として売りに出すには、彼は、なによりもまず、労働力を自由に処分できなければなりません。すなわち、ひとりの自由な人格でなければなりません。また、自由な人格で

★　フランクリン　ベンジャミン・フランクリン（一七〇六―九〇年）。アメリカ合衆国独立宣言の共同起草者として、また避雷針の発明者として有名なフランクリンは、経済学者としてもきわめて優れた業績を残しました。マルクスは彼を、「ペティに次いで価値の本性を見抜いた一流の経済学者」として高く評価しています。「戦争は略奪であり、商業はだましとりである」という文章は、彼の『国民の富に関する検討されるべき諸見解』（一七六九年）からのもので、マルクスはこの言葉を引用することで、商人は売り手からも買い手からもだましとることで儲けているように見える、ということを簡潔に示しています。

★★　マルクスは『資本と労働』の第二版の自用本で、この文章に下線を引き、欄外に線を引いています。〔MEGAの注解から〕

1　なにも変わるところはないでしょう↑まったく同一の関係が存在するでしょう　2　高利貸は、ただ、まえからある価値を他人のふところから自分のふところに吸い上げるだけです。↑というのは、高利貸がより多くを取り入れるだけ、ほかのだれかがそれだけ多くを支出しなければならないのだからです。　3　：ですから：　4　貨幣化される↑一般に認められるようになる　5　価値↑交換価値

あり続けるためには、彼は労働力をつねに、時間極《ぎ》めで売る*ことしかできません。労働力を一度かぎりで売り切ってしまうなら、彼は自由人から奴隷に、商品所持者から商品になってしまうことになるでしょう。

自由な人間が自分の労働力を商品として市場にもって行かなければならなくなるのは、彼がなにかほかの、自分の労働がすでに対象化している商品を売ることができないような状態に置かれるようになったときです。だれでも、自分の労働を商品に体現させようとするなら、生産手段（原料、道具など）をもっていなければなりませんし、またそれに加えて、自分の商品が売れるまで生きていけるだけの生活手段をもっていなければなりません。そのようなもろもろの物を取り上げられてしまえば、彼は生産をすることがまったくできず、売ることのできるものとして彼のもとに残るのは彼の労働力だけです。

ですから、貨幣が資本になるためには、貨幣所持者は商品市場で自由な労働者を見いださなければなりません。ここで自由と言うのには、二重の意味があります。一方では、自由な人格として自分の労働力を自分の商品として自由に処分できる、という意味です。他方では、労働力のほかには売ることのできる商品をもっておらず、自分の労働力を[1]活動させるために必要なすべての物から切り離されており、それらの物から自由〔バリアフリーというときのフリー〕だ、という意味です。言い換えれば、貨幣所持者が自分の労働力を[2]売らざるをえない労働者を市場で見いだす**ことができるのは、労働者が、奴隷であってはならないけれども、しかしまた、自分の労働力以外にはどんな所有物ももっていない状態にあって、素寒貧《すかんぴん》であるほかはない、というときなのです。

いずれにしても、このような関係は、自然法則によって生まれたものではまったくありません。[3]大地が、一方に貨幣所持者と商品所持者とを産《う》みだし、他方に無一文《むいちもん》の労働力所持者を産みだすなどということはありえないからです。[4]歴史的な変遷と一連の経済的、社会的な変革とが、こうした関係をはじめて[5]創造したのです。

労働力という商品は、ほかのどんな商品とも同じく、財貨の生産に――労働力の場合にはまた再生産に――必要な労働時間によって決まる[6]価値をもっています。ですから労働力の所

＊ **時間極めで売る**　時間極めで売る、という商品の売り方がめずらしいものでないことに注意してください。たとえば、機械をリースで売ったり、レンタカーのかたちで自動車を売ったり、家を貸家として売ったりするのは、すべて時間極めでの販売なのです。労働力がこうした場合と決定的に違うのは、機械も自動車も家も、時間極めではなく売り切りにもできるのに、労働力は「一度かぎりで売り切ってしまう」ことができない、ということです。

＊＊ **市場**　この市場は「労働市場」と呼ばれています。ここで売買される商品は労働力ですから、ほんとうは「労働力市場」なのですが、のちに「労賃」の章で見ますように、人びとの目には労働力ではなくて労働が売買されているようにしか見えないので、人びとはこの市場を「労働市場」と呼ぶのです。

1　活動させる↑実現する　2　売らざるをえない↑売ることができ、売る気になっている　3　大地が、一方に貨幣所持者と商品所持者とを産みだし、他方に無一文の労働力所持者を産みだすなどということはありえない↑太古の昔から地上に、一方に貨幣所持者と商品所持者が、他方に無一文の労働力所持者がいたわけではない　4　歴史的な〔geschichtlich↑historisch〕　5　創造した↑つくりだした　6　価値↑交換価値

持者の維持のために必要な生活手段の価値と等しいのです。いま「維持」と言ったのは、もちろん[1]繁殖*をも含む継続的な維持のことです。労働力の価値は[2]このようにして決まるのですが、労働力の使用価値は、労働力が消費されるときにはじめて[3]現われてきます。

労働力の[4]消費は、[5]ほかのあらゆる商品の[6]消費と同じく、商品流通の領域の外部で行なわれるのですから、わたしたちは、商品流通を離れて、貨幣所持者と労働力所持者のあとを追って、生産の場所に行ってみなければなりません。そこに行けば、資本がどのようにして生産するのか、ということだけではなくて、[7]資本がどのようにして生産されるのか、ということもまた明らかになるでしょう。

これまでわたしたちが見てきたのは、自由な、対等な、要するに平等な人格だけがたがいに取引すること、彼らが自分のものを自由裁量で処分すること、[8]つまりは売買することでしたが、わたしたちがこれまでの場面から別れることになると、また、わたしたちが登場人物のあとを追って生産の場面に向かって進んでいくことになると、わたしたちは、そうした登場人物たちの顔つきが[9]変わっていくことに気づきます。さっきの貨幣所持者は資本家としてさきに立ち、労働力所持者は資本家の労働者として資本家のあとについて行きます。貨幣所持者は、意味ありげにほくそえみながら、せわしげに。労働力所持者は、おどおどしていやいやながらに、まるで、身体を売ってしまってもう革になめされるよりほかにはなんの期待ももてない人のように。

＊繁殖　これは人間の場合には、家族をもって子どもたちを育てることです。どんな労働者もいつかは働けなくなりますから、労働者の家族のなかで、労働市場に新たに登場する労働力の売り手が育てられなければなりません。大ざっぱに言って、一つの家族が、労働者となる二人以上の数の子どもを育てているときに、労働市場にでてくる労働者数を維持あるいは増大させることができるわけです。

1　繁殖をも含む継続的な維持のことです←継続的な維持のことであり、したがってまた繁殖をも含むものです　2　このようにして決まる←このようになっている　3　現われてきます。〈そしてそのときには、商品だけではなく、剰余価値も生産されるのです。〉　4　消費〔Verzehr←Konsumtion〕　5　ほかのあらゆる商品の消費と同じく←あらゆる消費がそうであるように　6　消費〔Verzehr←Konsumtion〕　7　資本←資本そのもの　8　つまりは〈彼らが〉　9　変わっていく←変わったように見える

資本主義的生産★の基礎

労働力の消費[1]は労働そのものです。労働力の買い手は、労働力の売り手に労働させることによって労働力を消費します[2]。

労働過程は、なによりもまず、人間が自分のもろもろの目的[3]に従って自然素材を変形する〔すなわち形態を変化させる〕ことです。自然素材そのものは、もともとから存在しているものです。人間が直接に地球からはぎ取るすべてのものは、天然に見いだされる労働対象です。これにたいして、すでに人間の労働が為《な》し加えられていて、引き続き加工される物は原料です。たとえば、これから鉱脈から削《さ》きとられる鉱石は前者に属し、すでに削きとられていて、これから熔解《ようかい》される鉱石は後者に属します。

★ 資本主義的生産　「資本主義的生産様式」と同義です。↓生産様式 27

1　消費〔Verbrauch〕←使用〔Gebrauch〕『資本論』では第一版でも第二版でも「使用〔Gebrauch〕」となっています。」 2　消費します〔verzehrt ← konsumirt〕『資本論』では第一版でも第二版でも konsumirt となっています。」 3　もろもろの目的←意志労働手段は、人間が労働対象の加工のために用いるもろもろの物です。〔その代表的なものは道具や機械です。〕労働手段は、〔加工していない石器のように〕[1]ただの自然産物であることもありますし、あるいは、すでに人間の労働を自分のなかに取り込んでいることもあります。大地*そのものはどんなときにも必要な労働手段であり、またつねにそうであり続けます。

労働過程の結果は生産物です。**生産物はさまざまの形態で労働過程から出てくることができます。それは、消費に役だつ[2]だけのこともあるし、[3]労働手段として役だつだけのこともあるし、さらに、加工されることを必要とする原料（半製品）として利用できるだけのこともあるし、あるいはたとえば、葡萄《ぶどう》が消費手段としてもワインの原料としても役だつというように、[4]さまざまの仕方で役だつこともあります。生産物がほかの生産物の生産に用いられるとき、[5]それは生産手段になります。

さて、以上で〔労働過程と生産過程についての〕一般的な説明を済ませたので、資本主義的生産過程***に戻りましょう。

貨幣所持者は、生産手段と労働力とを買ったのちに、労働力に生産手段を消費させます。すなわち、[6]労働力に、生産手段を生産物に変えさせるのです。ですから労働者は、生産手段を、それのもろもろの形態を変化させるという仕方で消費するわけです。この過程の結果は、変形された生産手段で、この[7]形態変化のあいだに、そのなかに[8]新たな労働が[9]はいり込み、対象化したのです。

でも、これらの変形された物、つまり生産物は、それを[10]生産した労働者のものではなくて、資本家のものです。というのも、資本家は生産手段だけではなく労働力をも買い、労働力を生産手段に付加することで生産手段をいわば発酵《はっこう》させたのだからです。ここでは労働者は、〔機械のように自ら働くことのない生産手段とは違って〕いわば自ら働く生産手段、といった役割を果たすにすぎません。

資本家は財貨を、自家消費のためにではなく、市場向けに製造します。つまり彼は、商品を生産するのです。でも、彼にとってはそれだけでは十分ではありません。彼にとってだいじなのは、商品を生産するのに必要な生産手段と労働力との価値の総額よりも大きな価値をもつ商品を製造することで

---

* **大地**　ここで「大地」と呼ぶのは、土地だけでなく、河川や湖沼や海洋や大気などをも含む自然環境一般です。

** 生産物をつくりだす過程として見たとき、労働過程は「生産過程」と呼ばれます。このあと、生産過程という語が出てきたら、生産物をつくりだす過程だと考えてください。

*** **資本主義的生産過程**　資本主義的形態で行なわれる生産過程のことです。本書が抜粋・要約している『資本論』第一巻に含まれているのは、『資本論』の「第一部　資本の生産過程」です。→『資本論』29

1　ただの自然産物であることもありますし、あるいは、すでに人間の労働を自分のなかに取り込んでいることもあります←自然素材であることもありますし、すでに人間の労働を自分のなかに取り込んでいる物であることもあります　2　役だつ←役だちうる　3　労働手段として役だつだけのこともあるし、さらに、加工されることを必要とする原料（半製品）として利用できる←ほかのもろもろの物の生産に役だつ原料（半製品）である　4　さまざまの仕方で役だつ←同時にこの両者である　5　それは生産手段になります←それは生産物であることをやめて、労働手段になります　6　労働力に、生産手段を生産物に変えさせるのです←彼は労働力に生産手段を付け加えるのであり、生産手段は労働力によって生産物に転化されるのです　7　形態変化〔Formenwechsel←Formwechsel〕　8　|:新たな:|　9　はいり込み、対象化した←はいり込んだのであり、そのなかに労働が対象化した　10　生産した〔erzeugt haben←erzeugte〕

す。つまり、資本家は剰余価値を求めているのです。

剰余価値の獲得こそ、まさに、貨幣所持者を駆り立てて自分の貨幣を資本に変えようとさせる、また、生産をしようとさせる唯一の動因です。この目的がどのようにして達成されるかを見ることにしましょう。

すでに述べましたように、どの商品の価値も、それの生産に必要な労働時間によって決まります。ですからわたしたちは、資本家によって生産された商品も、それに体現された労働時間に分解してみなければなりません。

ある財貨の生産のための原料が三ターラー、労働手段に消費されるものが一ターラーだとし、また四ターラーが、[1]二つの一二時間労働日*に生産される価値生産物**を表わすとすれば、なによりもまず、完成されたこの財貨には二労働日が対象化している[2]ことになります。でも、原料と労働手段はひとりでに商品になるのではなくて、労働によって仲立ちされることによってしか商品になることはできません。そこで、いま考えている生産過程がどれだけの労働時間を必要とするかを調べてみなければなりません。いま、〔一日の〕労働時間は六時間だけで、また使われた労働力の価値を埋《う》めあわせるのにもちょうど六時間だけが必要だとしてみましょう。労働力の日価値〔一日あたりの価値〕は、労働力の生産ないし維持のために毎日消費されるもろもろの商品の価値によって決まります。ですから、そうした商品の生産に六労働時間が費やされるのであれば、労働力の日価値は六労働時間で埋めあわされるのであって、わたしたちのいまの仮定では一ターラーの価格で表現されます。ですから、完成生産物には、全部で〔原料と労働手段が表わす二労働日と労働力のための半労働日とで〕二日半の労働日が潜んでいます。言い換えればそれの総価格は五ターラーです。でも、資本家自身がそれのために支払ったのは、原料および労働手段に四ターラー、労働力に一ターラー、合計五ターラーでした。

この場合には、剰余価値がまったく出てきようもないことは明々白々です。しかしそれでは資本家は困ります。彼は剰余価値を手に入れたいのであって、そうできないのであればこんなことに最初から首を突っ込むことはありません。原料も労働手段も無慈悲《むじひ》で、それらはこれこれの量の労働時間を含んでいて、決まった価値をもっているのですから、資本家はこれらにたいしてそれだけの価値を支払わなければなりませんが、それだけの価値をきちんと支払ったからと言って、その価値量がひとりで

★　労働日　労働者は、毎日、休息と睡眠を必要とします。ですから、労働力の時間極めでの販売は、毎日一定時間に限って労働する、という形態で行なわれるので、その販売の時間的な単位はなによりもまず一日です。労働者が資本家のもとで労働する一日を欧米では「労働日」と呼びます。そこで、たとえば、「八時間労働日」は、八時間の労働が行なわれる一日、という意味であるとともに、一日に八時間の労働が行なわれる制度、つまり日本で言う八時間労働制をも意味します。休日などの「労働しない日」と区別される「労働する日」という意味ではありません。

★★　価値生産物　生産物価値すなわち生産物がもつ価値の全体は、生産が始まるまえに生産手段がもっていた価値がそれのなかに移転した価値すなわち旧価値と、生産のなかで生きた労働が新たに対象化した価値つまり新価値という二つの部分からなっています。後者は、新たに生産された価値という意味で、「価値生産物」と呼ばれます。

1　二つの一二時間労働日に生産される価値生産物→二つの労働日　2　いる→いなければならない

に増えることはありません。まだ残っているのは、彼が買いとった労働力[1]です。資本家には、労働者が毎日、六労働時間で生産できるのと同じだけの生活手段、すなわち一[2]ターラーの価格の生活手段を必要とすることがわかっています。ですから資本家は労働者に、労働者の毎日の労働力にたいして一ターラーを支払うのです。でも、彼に理解できないのは、そのようにして買いとった労働力を、いったいなぜ彼は、毎日、それと同じ六時間を超えて働かせてはいけないのか、ということです。そこで彼は、労働者が毎日一二時間働くこと、つまり、いまの例の場合には、二[3]ターラーの価値を生産するだけの時間、ずっと働くことを要求するのです。これでさっきの謎が解けます。すでにみましたように、六時間のあいだに、三ターラーの原料と一ターラーの労働手段が、同じく一ターラーの労働力によって、五ターラーの価値をもつ、つまり二日半の労働日を含む生産物に変えられたのでした。しかし、抜けめのない資本家はいま、労働力にたいして一ターラーを超える追加の支出をしないまま、労働力を六時間ではなく一二時間にわたって作用させ[4]、この一二時間のうちに労働力に、三ターラーの原料ではなく六ターラーの原料を、また一ターラーの労働手段ではなく二ターラーの労働手段を消費させます。このようなしかたで資本家は、五労働日が対象化しており、こうして一〇ターラーの価値がある生産物を手に入れます。しかし、彼が支出したのは、原料に六ターラー、労働手段に二ターラー、そして労働力に一ターラー、合計九ターラーだけでした[5]。ですから、完成生産物は、いまでは、一ターラーの剰余価値を含んでいるのです。

これで、剰余価値が発生するのは、ただ、労働力がそれ自身の[6]価値の埋めあわせに必要であるよりも長い時間[★]働くことによってだけであることがわかります。もっとあからさまに言えば、剰余価値は不払い[7]労働から生じるのです。

労働力が剰余価値を生産する度合いを知るためには、生産に用いられる資本を二つの部分に分けなければなりません。[8]そのうちの一方は原料と労働手段に投下されている部分、他方は労働力に投下されている部分です。たとえば、原料と労働手段に四一〇〇ターラー、労働力に九〇〇ターラーを使う、という仕方で五〇〇〇ターラーが[9]支出され、完成された商品の価値が五九〇〇ターラーであるとき、一八パーセントの剰余価値が生産されたかのように見えるかもしれませんが、そのように見えるのは、

★ **長い時間**　モストの原文では「高い度合いで」となっています。誤解を招くおそれがあるので、より厳密な表現に変えました。

1　労働力です。〈それの日交換価値は一つの六労働時間、すなわち貨幣で表現すれば一ターラーです。〉資本家には　2　一ターラーの価格の↑　一ターラーで入手できる　3　二ターラーの価値を生産する↑二ターラーに等しい　4　作用させ↑活動させ　5　でした。ですから、完成生産物は、いまでは、一ターラーの↑でした。つまり、全過程がもたらしたものは、それが必要としたものよりも一ターラー多いのです。完成生産物は、いまでは、　6　価値の埋めあわせに↑生産と維持とに　7　労働↑労働力　8　そのうちの一方は原料と労働手段に投下されている部分、他方は労働力に投下されている部分です↑すなわち原料と労働手段に投下されている部分と、労働力に投下されている部分とに分けなければなりません　9　支出され↑支出されたので

得られた剰余価値が、支出された資本の全体[1]から生じたのだと[2]誤って思い込まれるからです。[*] [3]実際には、四一〇〇ターラーの原料と労働手段は、価値から見れば変わらないままで、その形態が別のものになっただけです。〔ですから、資本のうち原料や労働手段に投下される価値部分を不変資本[**]と言います。〕それにたいして、九〇〇ターラーの〔資本の〕投下[4]によって得られた労働力のほうは、原料と労働手段を消費するあいだにこれらのものに一八〇〇ターラーという価値を付け加えたのであって、したがって九〇〇ターラーの剰余価値を生産しました。ですから、資本家は労働力から〔労働力の価値にたいして〕一〇〇パーセントの剰余価値を手に入れたことになります。というのは、労働力は自分の維持費の[5]二倍分をも埋めあわせたのに、[6]そのうちの一倍分しか受けとらなかったのだからです。労働力は、[7]一日の労働時間のうちの半分のあいだは無償で支出されたのです。〔ですから、資本のうち労働力を買うために投下される価値部分を可変資本[***]と言います。〕

こういうわけで、資本家や資本家の御用学者が「節欲の報酬《ほうしゅう》」だとか「リスクの負担」だとかいったたぐいのばか話をしてなんとか言い抜けようとしても、それは無駄というものです。労働材料と労働手段〔とが含む価値〕はどこまで行っても同じままであり、ひとりでに新たな価値を創造することはありません。剰余価値を生産することができるのは労働力であって、それができるのはただ労働力だけなのです。[****]

＊　この例では、生産された剰余価値は、投下された資本全体にたいして一八パーセントになります。この率を「利潤率」と言います。このようなしかたで、投下資本の全体によって生み出されたものと考えられた剰余価値は「利潤」と呼ばれます。利潤も利潤率も、資本家のじっさいの行動にとっては決定的に重要な意味をもっています。

＊＊　**不変資本**　資本家は商品として買い入れた労働力の消費によって労働者の労働を自分のものにします。労働者の労働は、一方では「有用労働」[35]として、特定の生産手段を変形して特定の生産物にします。これによって同時に、生産手段に含まれていた価値はそっくり生産物のなかに移転されます。つまり、生産手段に投下された資本価値は、生産物のなかに再現するだけで、この部分の価値の大きさはまったく変わりません。ですから、生産手段に投下される資本は不変資本と呼ばれるのです。↓可変資本 [65]

＊＊＊　**可変資本**　労働者の労働は、「人間労働力の支出」[36]としては、商品のなかに対象化して価値を形成します。マルクスはこの意味での労働を「人間労働」と呼んでいます。こうして、生産物は新たに形成された価値を含むことになりますが、この新たな価値の大きさは、消費された労働力の価値（つまり資本家が労働力を買うために貨幣形態で支出した価値額）とは無関係に、人間労働力の消費によって資本家が手にいれる人間労働の大きさによって決まります。資本家が一日という時間極めで労働力を買っても、この一日の労働時間の長さ次第で、資本家が一日に手にいれる価値額はさまざまです。つまり、労働力に投下される資本部分は、生産物に新たな価値として対象化するときにその大きさを変えることができるのです。じつは資本家は最初から、前者の価値額よりも後者の価値額を大きくすることができ、その差額である剰余価値を手にいれることができることを見越して、労働力を買ったのです。労働力に投下される資本部分は、生産過程のなかでこのようにそれの価値の大きさを変えることができるので、可変資本と呼ばれます。↓不変資本 [65]

＊＊＊＊　マルクスは『資本と労働』の第二版の自用本で、このパラグラフの欄外に線を引いています。さらに、「それができるのはただ労働力だけ」という部分に下線を引いています。〔MEGAの注解から〕

1　から生じたのだ↑のおかげだ　2　誤って思い込まれる↑思い込む誤りに夢中になっている　3　∵実際には、∴
4　投下↑引き渡し　5　二倍分をも〔zweifach↑doppelt〕　6　そのうちの一倍分しか受けとらなかった↑労働力にたいしてはその維持費の一倍分しか引き渡されなかった　7　一日の労働時間のうちの半分のあいだは無償で支出されたのです↑半分まではただで活動したのです

生産のための諸条件が同じままであれば、必要労働時間*、すなわち労働者が、資本家から支払われる自分の労働力の価値または価格を埋めあわせるために必要とする時間の大きさは、労働力の価値そのものによって決まっています。たとえば、労働者の毎日の生活手段を生産するのに平均して六労働

＊ 必要労働時間　さきほど「商品と貨幣」の章では、商品の価値の大きさを決定するのはその商品を生産するために社会的に必要な労働時間、つまり「社会的必要労働時間」であることが明らかにされました（→社会的に必要な労働時間［37］）。いまここで言う「必要労働時間」は、そこで説明された「社会的必要労働時間」であることにはちがいありませんが、ただし、商品一般の「社会的必要労働時間」ではなくて、労働力という独自な商品の「社会的必要労働時間」のことです。労働力の「社会的必要労働時間」とは、与えられた社会のなかで労働力を日々維持し再生産していくのに、一日の労働時間のうちのどれだけの時間を使う必要があるか、ということです。同じ「必要労働時間」という語が、ここでは、以前よりも狭い意味で使われているわけです。この点について、マルクスは『資本論』第一巻で、次のように書いています。「本書ではこれまで「必要労働時間」という語を、一商品を生産するのに社会的に必要な労働時間という意味に使ってきました。これからは、労働力という独自な商品の生産に必要な労働時間という意味でもこの語を使うことになります。同じ術語を違った意味で使うことは不都合ではありますが、どんな科学の場合にも完全には避けられないことです。たとえば、数学の高等部門と初等部門とを比べてみてください。」

時間が必要であれば、必要労働時間は六時間です。この場合には、資本家に剰余価値を提供する剰余労働が四時間、六時間、等々であるのに従って、労働日〔つまり労働者が資本家のもとで労働する一日の労働時間〕の全体は一〇時間、一二時間、等々になります。この事情のもとでは、剰余労働が長ければ長いほどそれだけ労働日は長いということになります。

けれども剰余労働を、それとともにまた労働日を延長することには、ある限界があります。馬が平均して毎日、たとえば八時間しか働くことができないように、人間も毎日、一定の時間の範囲内でしか労働することができません。その場合、肉体的な諸条件だけでなく、精神的な諸条件も考慮[1]にはいります。つまり、眠るとか食べるとか身体を洗うなどのためにどれだけの時間を必要とするか、ということだけではなくて、どのような精神的欲求や社会的欲求を満たさなければならないのか、ということも問題になりますが、これらの欲求はそれぞれの社会の一般的な文化水準によって決まるものです。しかしそうではあっても、労働日[2]のこれらの制限はきわめて大きな伸縮性をもっているので、八、一〇、一二、一四、一六、一八時間の、またはそれ以上の時間の労働日が並存しているのが見られます。

つまり、いずれにしても一労働日は二四[3]時間という一つの生活日よりも短くなければなりませんが、しかし、どれだけ短いのか、ということが問題です。資本家はこの点についてまったく独特の見解をもっています。資本家としては彼はただ、人格化した資本*です。彼の魂は資本の魂です。ところが、資本にはただ一つの生活衝動があるだけです。すなわち、自己を増殖し、剰余価値を創造し、自己の不変〔資本〕の部分つまり生産手段で、できるだけ多量の剰余労働を吸収しようとする衝動です。資本は死んでしまっている労働で、この労働は吸血鬼のように、もっぱら生きている労働を吸収することによって活気づき、そしてそれを吸収すればするほどますます活気づくのです。資本家は労働力を一つの商品として買ったので、[4]ほかのどんな〔商品の〕買い手もそうであるように、自分が買った商品の使用価値からできるだけ大きな効用を[5]引き出そうとします。でも、労働力の所持者である労働者も、[6]ついには口をさしはさんでくるようになり、資本家にたいして、たとえば次のように自分の意見を言います。――

ぼくがきみに売った商品は、それの使用が価値を、しかもそれ自身がもつのよりも大きな価値を創造する、という点で、並《なみ》の商品たちとは違うのだ。このことこそが、きみがそれを買った理由だった。

＊　**人格化した資本**　この言葉に注目してください。資本主義社会では、人間のあいだの社会的関係が商品や貨幣や資本といったもろもろの物象のあいだの関係として現われ、これらの物象が逆に人間たちを引きずり回しています。しかし、これらの物象はかならず自分を代表する役割を果たす人間すなわち人格を必要とします。商品を代表する人格が商品所持者または売り手であり、貨幣を代表する人格は貨幣所持者すなわち買い手であるように、資本を代表する人格が資本家なのです。

1　考慮にはいります↑問題になります　2　労働日のこれらの制限↑これは労働日がもっている制限ではありますが、これらの制限　3　∴二四時間という∴　4　ほかのどんな買い手もそうであるように、自分が買った商品の使用価値から↑それから　5　引き出そう〈へ、なんらかの仕方でできるかぎり長くそれから搾り出そう〉　6　ついには〈もう一言〉

きみのほうで資本の価値増殖として現われるものは、ぼくのほうでは労働力の超過支出[1]だ。きみもぼくも、市場ではただ一つの法則、つまり商品交換の法則しか知らない。そして商品の消費は、それを譲渡する売り手のすることではなく、それを手に入れる買い手のすることだ、だから、ぼくの毎日の労働力の使用はきみのものだ。でもぼくは、ぼくの労働力の毎日の販売価格によって、毎日労働力を再生産し、だからまた繰り返しそれを売ることができなければならない。年齢などによる自然的な損《そん》耗《もう》は別として、ぼくは明日《あした》も、今日と同じに正常な状態にある力と健康と元気とで労働することができなければならない。* きみは、いつもぼくに向かって「倹約」と「節制」という福音《ふくいん》を説いている。結構だ！　ぼくは分別のあるつましい家長のように、ぼくの唯一の財産である労働力を倹約し、それのばかげた浪費はいっさいやめることにしよう。ぼくは毎日ぼくの労働力を、ただそれの正常な耐久期間と健全な発達とにさしつかえないような量だけ流動させ、運動つまり労働に転換することにしよう。労働日の法外な延長によって、きみは一日のうちに、ぼくが三日かかって埋めあわせることができるよりも大きい量のぼくの労働力を流動させることもできる。だが、そうやってきみが労働として得るだけのものを、ぼくは労働実体で失うのだ。ぼくの労働力を利用することとそれを強奪することとはまったく別のことだ。平均労働者が合理的な労働基準のもとで生きて行くことのできる平均期間が三〇年だとすれば、きみが日々ぼくに支払うぼくの労働力の価値は、その総価値の $\frac{1}{365 \times 30}$ すなわち $\frac{1}{10950}$ だ。だが、もしきみがそれを一〇年で消費するのであれば、きみはぼくに毎日その総価値[2]

の〔$\frac{1}{365\times10}$すなわち〕$\frac{3}{10950}$ではなくて、$\frac{1}{10950}$しか、つまりその日価値《ひかち》〔つまり一日あたりの価値〕の三分の一しか支払わないのだから、毎日ぼくからぼくの商品の価値の三分の二を盗むのだ。きみは、三日分の労働力を消費するのに、ぼくには一日分しか支払わないのだ。これは、われわれの契約にも、商品交換の法則にも反している。だからぼくは、正常な長さの労働日を要求する。しかも、きみの心情に訴えることなく、それを要求する。というのも、金銭問題に情《なさ》けは無用なのだから。きみは模範市民で、もしかすると動物虐待《ぎゃくたい》防止協会の会員で、そのうえ敬虔《けいけん》な信徒の聞こえも高いかもしれない。しかし、きみがぼくにたいして代表している物には、胸のなかに鼓動《こどう》する心臓がない。そこで打っているように見えるのは、ぼく自身の心臓の鼓動なのだ。ぼくは標準労働日を要求する。なぜならば、ほかの売り手がみなやっているように、ぼくも自分の商品の価値を要求するからだ。

[3]資本家と労働者とのどちらもが、商品交換の法則を引き合いに出していることがわかります。両方

★　ここでの労働者の主張の眼目は、この点にあります。つまり、労働者は自分の労働力を時間極めで売ったのであって、自分の身体を売ったのではありません。ですから、買い手が労働時間を異常に延長することで労働力の売り手である労働者の身体を損なうような使い方をすることは、商品の売買のルールに反しています。だから労働者は、労働力という商品の売り手として、労働時間をノーマルな時間に制限することを要求するのです。

1　超過支出↑不必要な支出　2　毎日その総価値の$\frac{3}{10950}$ではなくて、$\frac{1}{10950}$しか、つまりその日価値↑毎日$\frac{1}{10950}$しか、つまりその価値　3　資本家と労働者とのどちらもが、商品交換の法則を引き合いに出していることがわかります↑労働力がその価値を主張していることがわかります。両方の対立する権利の主張のあいだでは、強力だけがことを決することができます↑闘いが行なわれます

の対立する権利の主張のあいだでは、強力だけがことを決することができます。こういうわけで、資本主義的生産の歴史では、労働日の標準化は、労働日の制限をめぐる闘争――総資本家すなわち資本家階級と総労働者すなわち労働者階級とのあいだの闘争――として現われるのです。

イギリスの工場監督官*のもろもろの報告から明らかになるのは、労働時間を標準化しようとする法律をくぐりぬけたり犯したりしようとするときには、工場主にとって瑣末《さまつ》すぎたり悪辣《あくらつ》すぎたりするような手段というようなものはないのだ、ということです。工場主たちは、文字どおりの渇望《かつぼう》をもって、掠《かす》めとることができるどの一分《いっぷん》にでも襲いかかるので、[1]監督官たち自身が彼らを「数分間の盗み」のかどで告発しているほどです。[2]標準労働日がまだ存在していなかった時期のもろもろの報告、あるいは標準労働日がまだ存在していない生産部門についてのもろもろの報告は、まったく身の毛もよだつものです。公衆衛生委員会の委員たちはたいていの場合、もしも資本の悪辣な搾取**に確固とした制限が課されないなら、肉体的精神的な奇形化《きけいか》が一般的となるにちがいない、という意見を述べていました。

資本家にとっては、労働日を二四時間に固定することができるとしたら、これが最も好ましいところでしょう。昼夜交替制***が好んで用いられることが、このことを証明しています。資本は労働力の寿命を問題にしません。資本が関心をもつのは、ただただ、一労働日に流動化できる、労働力の最大限だけです。たしかに資本は、その殺人的な行状《ぎょうじょう》が悲惨《ひさん》な結末をもたらさないではいないことをうすうす気づいてはいます。しかし資本は、この結末はそう早くはやってこないだろうと考えます。どんな株式の思惑《おもわく》の場合でも、いつかは雷が落ちずにはいないことはだれでも知っていますが、しかしだれ

★ 工場監督官　一八世紀後半からのイギリス産業革命の進展によって工場制度が確立し、労働日の延長と労働強化による労働者の消耗が甚だしくなるとともに、劣悪な労働条件のもとでの婦人・児童の酷使が目にあまるようになりました。一方では労働者の抵抗が強くなるとともに、他方では資本総体の観点から労働力を保全する必要が痛感されて、一八三三年に本格的な労働法が成立し、ここで「労働監督官制度」も導入されました。イギリス議会によって任命された工場監督官の多くは、正義感に燃え、公平の観点を失わずに精力的に仕事をして、多数の『工場監督官報告書』を提出しました。そこには、資本主義的工場制度のもとでの労働のすさまじい実態が克明に描き出されています。マルクスはこの報告書を高く評価し、『資本論』のさまざまの箇所で引用しました。

★★ 搾取　もともとは「私利を得るような利用」という意味をもっていたこの語（ドイツ語のAusbeutung、英語およびフランス語のexploitation）が、労働する階級の労働の一部（剰余労働）を他の階級が無償でわがものとすることを意味する概念として使われるようになりました。歴史上、奴隷所有者による奴隷の搾取、封建領主による農奴・隷農の搾取、資本家による賃労働者の搾取が代表的なものです。資本主義的生産様式のもとでは、労働者の剰余労働は、労働者が資本家のもとで労働力の価値を超えて生産する剰余価値の形態で、資本家によって搾取されます。

★★★ 昼夜交替制　労働者をいくつかの組に分けて交替させながら労働させる制度を「交替制」と呼びますが、「昼夜交替制」は、昼夜を通して労働が行なわれるようなしかたで、労働者を交替させる制度です。これによって資本は、二四時間通して労働力を搾取できるだけでなく、法外な過度労働を強制することができます。「リレー制度」はその一つのタイプです。↓リレー制度 75

1 監督官たち自身が彼らを「数分間の盗み」のかどで告発している↑じっさい、ある方式などは「数分間の盗み」という名で悪名高くなった　2 標準労働日がまだ存在していなかった時期のもろもろの報告、あるいは標準労働日がまだ存在していない生産部門についてのもろもろの報告↑標準労働日がまだ存在していなかった事業についての、またそのような時期のもろもろの報告

もが望んでいるのは、自分が黄金の雨を受けとめて安全なところに運んだあとで雷が隣人の頭に落ちることです。〔「あとは野となれ山となれ」、というわけです。〕だからこそ資本は、社会によって強制されないかぎり、労働者の健康や寿命には顧慮を払わないのです。

一四世紀の半ばから一七世紀の終りまでは、立法によって、イギリスの労働者たちの労働日が延長されました。いま社会は、少なくともその同じ程度にまで労働日を短縮する当然の権利をもっています。

ともあれ、[1]大工業の時代以前に労働時間がどういう状態にあったかは、たとえば、一八世紀の終りごろにもまだ、多数の労働者が週に四日しか労働していない、という嘆きが聞かれたということからもわかります。一七七〇年に、資本の専制の熱狂的な先駆者*が公けの慈善に頼っているような人びとのために一種の救貧院を設立しようという提案をしました。それによれば、この救貧院は恐怖の家とならなければならず、ここでは毎日一二時間もの労働が行なわれなければならない、というのでした。つまりこの当時は、救貧院が一二時間の労働時間によって恐怖の家にされることになっていたのに、それから六三年ののち〔の一八三三年〕には、国家権力によって、四つの労働部門で一三歳から一八歳までの児童のために労働時間が一二時間に引き下げられ、しかもこれによって、資本家たちのもとで憤怒《ふんぬ》のあらしがまき起こったのです！

労働時間の短縮のための闘争は、一八〇二年いらい、イギリスの労働者たちによってねばり強く行[2]

なわれてきました。三〇年のあいだ、彼らの闘争は徒労に等しいものでした。彼らはたしかに五つの工場法を〔議会に〕通過させましたが、[3]これらの法律にはその強制的な施行を確保するための条文はまったくありませんでした。やっと一八三三年から、標準労働日が次第に広まり始めました。

まず、[4]児童および・八歳以下の少年の労働が制限されました。工場主たちは、それぞれ自分にかかわる法律に反対して荒れ狂いましたが、彼らの抵抗が失敗すると、こんどは法網《ほうもう》をくぐることのできるような正式の制度〔すなわち子どもたちを「交替」で使うリレー制度**〕を考えだしました。

一八三八年いらい、工場労働者の側から一〇時間標準労働日を求める叫びがますます大きく、また一般的になっていきました。一八四四年には、[5]一九歳以上のすべての婦人の労働時間も一二時間に制限され、夜間労働が禁じられました。同時に、一三歳未満の児童の労働時間は六時間半―七時間に引

* 資本の専制の熱狂的な先駆者　ジョン・カニンガムのことで、彼の著作『産業および商業に関する一論』は一七七〇年に刊行されました。〔MEGAの注解から〕

** リレー制度　イギリスでは、一八三三年の工場法によって、標準労働日が法定されて、児童労働の無制限の搾取に制限が加えられると、これを免れるために、児童・年少者・婦人を幾組かに分けて交替させながら労働させる「リレー制度」が案出されました。リレー制度は一八四四年および一八四七年の工場法によっても廃止されず、とりわけ一八四八年以降、工場主たちによって広範に採用されましたが、一八五〇年の工場法で終局的に廃止されました。↓昼夜交替制 73

1　大工業の時代以前に労働時間が↑ 資本が労賃と労働時間との決定の主導権を握る以前にそれらが　2　行なわれてきました↑ 行なわれています　3　これらの法律にはその強制的な施行を確保するための条文はまったくありませんでした↑ これらの法律の実施をもたらす官吏は任命されませんでした　4　児童および一八歳以下の少年の労働↑ 児童労働　5　一九歳以上のすべての婦人の↑ 成人女子および少女の

き下げられました。また、法網のくぐりぬけができるかぎり予防され、婦人も児童も昼食を作業現場でとってはならない、と規定されました。

婦人労働と[1]児童労働との制限は、[2]強制的な取締りのもとにおかれた工場では一般的に一二時間だけの労働が行なわれる、という結果をともないました。一八四七年七月八日の工場法は、一三―一八歳の人びととすべての婦人労働者の労働日が、暫定《ざんてい》的に一一時間、一八四八年五月一一日からは一〇時間とされるべきことを確定しました。

そこで、資本家のあいだでの正真正銘の[3]反逆が爆発しました。賃金の引き下げなどが労働者を「彼らの〔長時間労働する〕自由の制限」に反対する気にさせなかったとき、[4]取締りを不可能にするあらゆる術策がなんの役にも立たなかったとき、この法律は公然と破られました。明白な法律違反にもかかわらず、資本家も判事になっている法廷が、彼らの仲間である資本家が正しい、と認めることが珍しくありませんでした。それどころか、ついには四つの最高裁判所のうちの一つまでもが、この法律の条文は無意味だと宣言しました。

ついに労働者の堪忍袋《かんにんぶくろ》の緒《お》が切れました。彼らが非常に強硬な姿勢をとったので、ついに資本家は、いやいやながら妥協をしなければなりませんでした。この妥協は、一八五〇年八月五日の追加工場法によって法的効力を与えられました。それはリレー制度に一挙に結末をつけました。

[5]まだかなりの部類の労働者が例外として残されてはいましたが、このときから、法律は次第に労働

日を規制しました。

資本主義的生産[6]の揺籃《ようらん》の地であるイギリスでは、標準労働日がいわば、資本家の荒れ狂う抵抗と労働者の感嘆すべきねばり強さとのもとで一歩一歩[7]闘いとられたのにたいして、フランスではこの点ではなんの動きもありませんでしたが、一八四八年の二月革命が一挙に、すべての労働者に一二時間の労働日をもたらしました。

北アメリカ合衆国*では、標準労働日をめぐる闘争は、奴隷制の廃止ののちにやっと始まりました。一八六六年八月一六日、バルチモアで行なわれた全国労働者大会[8]は、八時間標準労働日を要求しました。それ以来たえまなく、また成果をだんだんと増やしながら、この標準労働日をめざす闘いが行なわれています。

この同じ年に、国際労働者協会**が同じく八時間労働日の要求[9]を宣言しました。

要約しましょう。すべての文明国の労働者は、なによりもまず、標準労働日をもたなければならないことを知りました。彼らは、次のように言う工場監督官サーンダズ***と同じ意見です。すなわち、

---

* 北アメリカ合衆国　アメリカ独立戦争によって、北アメリカ一三州が北アメリカ合衆国の独立を勝ちとりました。マルクスの時代には、アメリカ合衆国は「北アメリカ合衆国」と呼ばれていました。

** 国際労働者協会　→国際労働者協会［167］

*** サーンダズ　ロバート・ジョン・サーンダズ　一八四〇年代のイギリスの工場監督官。本書に引用されている文書は『工場監督官報告書。一八四八年一〇月三一日』からのものです。

「労働日が制限されて、規定されたその限度が厳格に[10]強制されないかぎり、社会の改造をめざすさらに進んだ諸方策は、成功の見込みをもって遂行《すいこう》されることはけっしてできない。」

社会主義的な社会形態は*、労働者が高度なもろもろの生活要求をもっていることを想定していますから、労働日も、必要生活手段の生産に不可欠な時間だけに制限するわけにはいきません。しかしこの社会形態では、生産者たちは、ただ自分たちのためだけに労働するのであって、資本家や地主や上流社会の怠け者たちのために労働するのではありません。そして労働日は、こんにちの社会よりもはるかに短いでしょう。なぜなら、あらゆる労働可能者が労働するからであり、なぜなら、資本主義経済**では不可避である力の浪費がなくなるからであり、そしてなぜなら、労働者が全面的な教育を受けるにつれて、社会的労働の生産力がこれまで考えられることもなかったような飛躍を遂げるからです。

---

* 社会主義的な社会形態　「協働組合的な生産様式」を基礎とする社会すなわち「アソシエーション」のことです。↓協働組合的生産様式 [165]、アソシエーション [163]

** 資本主義経済　「資本主義的生産様式」と同義です。↓生産様式 [27]

1 …と児童労働と… 2 強制的な取締りのもとにおかれた工場では↑たいてい 3 反逆↑狂乱状態 4 取締りを不可能にするあらゆる術策がなんの役にも立たなかったとき、この法律は公然と破られました↑取締りを不可能にできるための、法網をくぐり抜けることができるためのありとあらゆる術策が用いられました 5 まだかなりの部類の労働者が例外として残されてはいましたが、このときから、法律は次第に労働日を↑このときから、法律は次第に、わずかの部類を除いてすべての労働者の労働日を 6 資本主義的生産↑資本 7 一歩一歩↑刻一刻 8 …バルチモアで行なわれた全国… 9 …の要求… 10 厳格に〔streng ↑ strikt〕

資本家は、できるときにはいつでも労働力の価値から〔労働力価値と賃金との差額を〕掠《かす》めとるのですが、このような掠めとりがまったくなくて労働力の価値が〔賃金として〕完全に支払われるとき、労働日の大きさが与えられている場合には、そこから労働力の価値の埋めあわせに用いられる時間部分〔すなわち必要労働時間〕を差し引いて残るのは、ある決まった時間数だけです。剰余価値が生産されることができるのはこの時間〔すなわち剰余労働時間〕です。こうした事情のもとでもなお剰余労働を、したがって剰余価値を増大させるためには、労働力の維持に必要な労働時間が短縮されなければなりません。しかし必要労働時間を短縮することができるのは、ただ、労働の生産性が高まって、労働者が同じ分量の生活手段をまえよりも少ない時間で生産できるようになることによってだけです。

必要生活手段またはそれの生産に必要な生産手段を生産する生産部門での労働生産性の上昇は、生

★　協業と分業　『資本と労働』第二版では「分業」となっていますが、この章の内容に合わせて変更しました。

産される財貨の価値を減少させるだけではありません。それは同時に、労働力の価値を減少させます。なぜなら労働力の価値はそうした財貨の価値によって決まるのだからです。これ以外のすべての生産部門〔すなわち奢侈《しゃし》品またはそれの生産に必要な生産手段を生産する生産部門〕での労働生産性の上昇は、〔直接に労働力の価値を減少させることはできませんが、しかしこの部門のなかで例外的に労働生産性を上昇させた資本は、労働生産性を上昇させていない普通の資本よりも、より少ない労働で商品を生産できるので、商品を普通の資本よりも安い価格で販売することによって、差額を追加の剰余価値として手に入れることができます。[*]〕しかもこの状態は、競争が、これらの商品〔の価格〕を、労働生産性の上昇〔が生産部門の資本の全体に及んでいくこと〕によって低下したそれらの新たな価値にまで次第に引き下げていくのにかかる時間のあいだじゅう持続します。ですから、商品を安くするために、また商品を安くすることによって労働者そのものを安くするために、労働の生産力を上昇させることは、資本の押[1]さえがたい衝動であり、不断の傾向なのです。

〔誤解が生じるのをふせぐために書き加えておきますが、こうしたことを考えるとき、〔商品価値の〕貨幣での表現にこだわらないようにしてください。いま〔すなわち本書が書かれている時点では〕ほとんどすべての商品は、とりわけ労働力商品は、かつてよりも〔価値が〕低下しているのですが、でも商品価格は〔商品価値の〕貨幣での表現なので、〔価格が高いために〕逆にかつてなかったほど〔商品価値が〕高いように見えます。でも、そう見えるだけです！というのは、商品の価値が高いように見えているのは、貨幣の価値が非常に下落したこと〔のために生じた価格の高騰〕から生じた外観にすぎないからです。）

資本主義的生産のもとでの労働生産力の発展は、労働日のうち労働者が自分自身のために労働しなければならない部分を短縮することによって、まさにこのことによって労働者が資本家のために無償で労働することができるもう一つの部分〔すなわち剰余労働〕を大きくすることを目的としているのです。

さて、ここで、こうした結果が達成されるための手段となる特殊的な生産方法の考察に進むことにしましょう。

そのような生産方法は、まず第一に、協業[2]です。協業は、かなりの資本が産業企業家の手のなかにすでに多かれ少なかれ存在していることを前提するのですが、一人の親方が多くの労働者を修業させるところからおのずから発展してきます。

協業する人びとの生産力は、彼らの個別的な力が空間的に集められることによって、またそれらの

---

* この括弧で括られた箇所は、第二版でのマルクスの文章では次のようになっていますが、明らかに舌足らずなので、大きく書き変えておきました。「労働力の価格は、少なくとも相対的には、すなわち労働力によって生産された諸商品の価格に比べれば、下落します。」

1 押さえがたい↑内在的な　2 協業〈という生産方法〉

力が同時に作用することによって高められ、また生産手段は安上がりになります。（一〇〇人の労働者のための労働空間に要する費用は、それぞれ二人の労働者のための五〇か所の作業場に要する費用よりもはるかに少なくなります。貯蔵やそのほかのための空間についても同様ですし、さまざまの道[1]具についても同じことが言えます。）

協業は資本家に指揮の役割を委ねますが、それが資本家の手に委ねられると、この役割は専制的な性格をもつようになります。この専制的な性格は、協業が大きな規模で用いられるようになればなるほど、ますますはっきりと現われてきます。

単純協業から、作業場内の[*]分業が発生します。この分業はマニュファクチュア時代[**]を特徴づけるものです。

一方では、一つの全体をなす生産物、たとえば一台の馬車を作るために、さまざまの職業の手工業者、たとえば車工、鍛冶《かじ》工、錠前《じょうまえ》工、馬具工、塗工、等々が一つの労働場所に結合されます。以前には多種多様に行なわれていた、これらの自立した手工業のそれぞれの労働種類が、こうしてついには、馬車マニュファクチュアにだけ属するそれぞれ一つの部分労働に転化されます。他方では、同じ職業の多数の手工業者、たとえば多数の製針業者が、同じ労働場所で同じときに並んで労働させられるようになります。この場合にはまもなく、労働者の個々の部分はもはやただ、ある生産物の個々の部分を完成させるだけとなり、「手から手へ」の労働が行なわれるようになります。よく知られているように、この労働方法は若干の生産部門では、総労働を何百にも分解するところまで進み、これによって総労働の生産性は大きく高められました。

こうした分業では、そうでないときにはある部分作業からほかの部分作業に移るときにいつでも必要な、非常に多くの時間が節約されるだけではなく、また労働がいつでも同じままであることによって、労働者の驚くほどの熟練と速度とが達成されます。

また、この種の生産方法は、手工業ではさまざまの労働に使われていた道具に代わって、まったく特殊的な仕事にしか役だたない、だからまたはるかに有用で、労働を容易にし、労働の生産性を高めるような道具が現われる、という結果をもたらしました。同時に、[2]このようにして、単純な道具の[3]結合から成り立つ機械が生まれる物質的条件が[4]つくりだされました。

＊　分業　→分業[35]

＊＊　マニュファクチュア、マニュファクチュア時代　英語のmanufactureという語は、一般に「製造業」という意味に使われますが、経済学で「マニュファクチュア」と言えば、資本主義的生産の発展過程で、大工業が成立するまで歴史的に存在した「工場制手工業」のことを指します。そこでの労働手段はまだ道具ですが、すでに多数の労働者が分業にもとづく協業を行なっている作業場のことです。マニュファクチュアが支配的に行なわれた時代を「マニュファクチュア時代」（82・84・94・158）と呼びます。それは、イギリスにおいてはおよそ一六世紀の半ばから一八世紀の三分の二期までにあたります。

1　道具〈など〉　2　このようにして←このような事情によって　3　結合〔Verbindung←Kombination〕　4　つくりだされました←つくりだされます

[1]マニュファクチュアでは、一つの商品のさまざまの構成部分がそれらと同じ数のさまざまの[2]種類の労働者によって作られますが、もちろんそれぞれの構成部分が必要とする労働の量はさまざまなので、ある部分の製造にはより多くの労働者が、ほかの部分の労働にはより少ない労働者が使用されなければなりません。一つの事業のもとに結合されている労働者の数が多ければ多いほど、それだけ容易に、この点での適切な比率を打ち立てることができます。これは、資本のできるかぎり大規模な集積が図《はか》られる多くの理由のうちの一つの理由です。

若干の単純な機械、とくに、大きな力の使用が必要な[3]仕事のための機械は、すでにマニュファクチュア時代に現われます。たとえば、[4]製紙業では屑《くず》の圧砕《あっさい》が製紙用圧砕機で行なわれるようになります。でも、[5]マニュファクチュア時代の独自な「機械」は、どこまでも、結合された多数の部分労働者からなる全体労働者です。

個々の労働者たちについて見れば、こちらの何人かはより多くの力を、ほかの何人かはより多くの熟練を、さらにほかの何人かはより多く精神的な注意深さをそれぞれ発揮しなければなりません。個々人は、こうした能力をもつように、それぞれ独自に鍛錬されるのです。これにたいして、全体労働者は、種々の[6]部分労働者に要求される属性のすべてをそなえていて、[7]これらの属性のそれぞれを、部分労働者たちに専有的に割り当てられた器官を通じて遂行するわけです。

どのマニュファクチュア労働者をとってみても、彼らの修業の費用は手工業者の場合よりも少ないので、マニュファクチュアでは、手工業にくらべて労働力の価値は低下し、資本の価値増殖は増大します。

念のために、ここでさらに、マニュファクチュア的分業と社会的分業との関係を大づかみに見ておきましょう。労働そのものに目を向ければ、生産をさまざまの種に、たとえば農業、工業、等々に分割することを一般的分業と呼び、これらの種をさらにさまざまの生産部門に[8]細分することを特殊的分業と呼び、一つの作業場のなかでの分業を個別的分業と呼ぶことが[9]できます。発展していて、商品交換によって媒介されているすべての分業の基礎は、都市と農村との分離です。

マニュファクチュア的分業は、[10]すでに発展した[11]社会的分業を前提します。他方で、[12]社会的分業は、マニュファクチュア的分業によってさらに発展させられます。

1　マニュファクチュアでは↑したがって分業によって　2　種類の労働者〔Sorten von Arbeitern ↑ Arbeitergattungen〕　3　仕事↑過程　4　製紙業〔Papierbereitung ↑ Papierfabrikation〕　5　マニュファクチュア時代↑この時期　6　部分労働者↑個別労働者〔『資本と労働』の第一版では「個別労働〔den Einzelarbeiten〕」、第二版では「部分労働〔den Theilarbeiten〕」となっていますが、いずれも「個別労働者〔den Einzelarbeitern〕」、「部分労働者〔den Theilarbeitern〕」の誤植でしょう。〕　7　これらの属性のそれぞれを、部分労働者たちに専有的に割り当てられた器官を通じて遂行する↑いわば彼の個別的諸器官を、もっぱら、部分労働者たちの個性にふさわしいような諸操作に使用する　8　細分すること〔Untertheilungen ↑ Untertheilung〕　9　できます。〈これらさまざまの種類の分業の発展は、社会の一般的な文化史的発展に、とくに商品交換の展開にかかっています。〉　10　：すでに：　11　社会的↑一般的　12　社会的↑一般的

この二つの種類の分業の区別は、主として、次の点にあります。すなわち、[1]自立した生産部門はいずれも商品を生産するのにたいして、[2]マニュファクチュアの部分労働者たちは商品を生産せず、彼らの共同的な労働[3]の生産物だけが商品に転化します。マニュファクチュア的分業は、資本家のものである全体機構のただの手足でしかない人びとにたいする、資本家の無条件的な権威を前提しています。社会的分業は、独立の商品生産者たちをたがいに対立させるのであり、彼らは競争という権威のほかにはどんな権威も認めません。工場制度の熱狂的な擁護者たちが、社会的労働の[4]一般的な組織化に反対して、そのような組織化は社会全体を一つの工場にしてしまうだろう、と言う以上に、言うべきひどい言葉を知らないということは、まことに特徴的なことです。

同職組合規則は、一人の親方が雇ってもいい職人の数の最大限ならびにまた個々の同職組合の全活動を厳密に決めているので、この規則のもとではマニュファクチュア的分業は現われようがありません。それどころか、マニュファクチュア的分業は、資本主義的生産様式のまったく独自な創造物なのです。

マニュファクチュア的分業が発展すればするほど、個々の労働者の労働力の育成はそれだけ一面的とならざるをえません。ですから彼らの労働力は、実際には、資本家がそれを買ってそのしかるべき位置に置いたときにはじめて、生産的なものとなります。個々の労働者は、なにかある〔完成した〕物を生産することが不可能になり、資本家の作業場の付属物に転落します。エホバ★の選民の額《ひたい》には彼がエホバのものだということが書いてあったように、分業はマニュファクチュア労働者に、彼が資本家のものだということを表わす焼き印を押すのです。さらにこの労働方法は、多かれ少なかれ労働者の精神的または肉体的な奇形化をもたらします。肉体的な奇形化は多くの職業病として現われます。精神的な奇形化は一般的な精神的無気力、エネルギー喪失《そうしつ》として現われます。いなそれどころか、まったくの愚鈍《ぐどん》として現われることにさえなります。

マニュファクチュアの技術的な基礎は、どんなに一面化されているにしても、どこまでも手工業的な熟練なのですが、でも、マニュファクチュア〔的分業の産物である作業場〕はそれ自身、機械を生み出します。そしてこの機械によって、生産様式が根本的に変革され、大工業が創造されるのです。

＊　**エホバ**　ヤハウェとも言います。ユダヤ教の最高神で、万物の創造者です。「エホバの選民の額には彼がエホバのものだということが書いてあった」という文章は、新約聖書「ヨハネの黙示録」第七章に、神がイスラエルの諸部族のなかの「神のしもべの額」に印を押した、と書かれていることによっています。

1　自立した生産部門はいずれも商品を生産する↑個々の事業部門では商品が生産される　2　マニュファクチュアの部分労働者たち↑個々の部分労働者たち　3　…の生産物…　4　一般的な組織化↑どんな一般的な組織化にも

マニュファクチュアでは生産過程の変革は労働力から出発しましたが、大工業では生産過程の変革は労働手段から始まります。すなわち、手で使う道具に代わって機械が登場するのです。

発達した機械はすべて、本質的に違う三つの部分からなっています。すなわち、原動機、伝動機構[1]、道具機すなわち作業機です。原動機は機構全体の原動力として働きます。それは、蒸気機関や熱機関や電磁気機関などのようにそれ自身の動力を生み出すこともあれば、また、水車が落流から、風車が風からというように、外部の自然力から原動力を受けとることもあります。伝動機構[2]は、はずみ車、駆《く》動軸《どうじく》、歯車、羽根車、シャフト、ロープ、ベルト、滑車、非常に多くの種類の中間軸から構成されていて、運動を調節し、必要があれば運動の形態を、たとえば垂直[3]運動から円形運動にというように変化させ、それを道具機に配分し、伝達します。原動機と伝動機構という、機構のこの二つの部分は、

1　伝動機構〔Uebertragungsmechanismus ← Transmissionsmechanismus〕　2　伝動機構〔Uebertragungsmechanismus ← Transmissions-mechanismus〕　3　垂直〔senkrecht ← perpendikurär〕

ただ道具機に運動を伝えるためにあるだけで、これによって道具機は、労働対象をつかまえ、目的に応じてそれを変化させます。機械のこの部分、すなわち道具機こそは、一八世紀の産業革命の出発点となったものです。それはいまなお、手工業経営やマニュファクチュア経営が[1]機械経営に移行するたびに、日々、繰り返して出発点となっています。

道具機では、だいたいのところ、手工業者やマニュファクチュア労働者の道具が再現しています。違いはただ、以前は人間の器官の数と規模によって道具の[2]数と規模が制限されていたのに、道具機の場合にはこうした制限がないということだけです。型の古い紡績機でも、すでに一二―一八個の紡錘《ぼうすい》を運動させていましたし、靴下編み機はいちどに何千本もの針で編む、などなどです。

作業機ははじめはまず、人間によって運動させられましたが、そののち、しばしば馬などによって運動させられ、もっとまれには不安定な風力によって運動させられました。しかしだんだん水が利用されるようになりました。けれども、水力の使用もさまざまの不便と結びついていました。こうした不便は蒸気機関の発明によってやっと取り除かれました。そこで工場の所在地はもう、激しい水流という立地に縛《しば》られていることがなくなりました。それまで既存《きそん》の自然事情に依存していた動力の程度が、その後はまったく人間の統制に服させられ、それからは同じ動力機できわめて広範囲にわたる伝動装置ときわめて多数の作業機とを駆動することができるようになりました。

[3]工場には二つの主要な種類があります。一つは、[4]工場が多数の同種の作業機を結合していて、それ

らのおのおのが完成生産物を生産するという場合で、もう一つは、工場がさまざまの異なった機械からなる一つの機械システムを包括している場合で、このあとの場合には、さまざまの機械のおのおのは生産物の一部分だけを加工するだけなので、生産物は、完成されるまでにさまざまの機械を通っていかなければなりません。

一つの中央自動装置から伝動機構[5]を通じてそれぞれの運動を受けとる自動的作業機の編成されたシステムが生まれると、機械経営はその最も発展した姿をもつことになります。ここでは、個々の機械に代わって一つの機械的な怪物が現われ、その身体は工場の建物全体をいっぱいに満たし、その悪魔的な力は、はじめはその巨大な手足の荘重《そうちょう》とも言えるほど落ち着いた動きで隠されていますが、やがてその無数の固有の労働器官の熱狂的な輪舞となって爆発します。

機械そのものは、まずはじめは手工業者やマニュファクチュア労働者によって製作されましたが、まもなくそのような生産では不十分であることが明らかになり、機械もまた機械によって生産されるようになりました。

大工業がもたらした生産様式の変革は次第に交通・運輸・通信業をもとらえました。鉄道、汽船、電信などが生まれました。

1　機械経営↑機械労働　2　数と規模↑使用　3　工場には↑大工業には　4　工場が↑大工業が　5　伝動機構〔Uebertragungsmechanismus↑Transmissionsmechanismus〕

資本はすべての発見や発明を、いわばまったく無償でわがものにします。資本家が科学の利用のために使用しなければならないものは高価な装置だけです。けれどもこの装置も、[1]これがなければ同じだけの大量の商品を生産するのに必要となったはずの多くの道具などよりもはるかに安価です。

機械の損耗《そんもう》によって機械が失う価値部分は、生産物のなかに移転します。けれども、生産物に移転する価値部分は、機械による生産の場合には、手工業的な生産〔で道具から生産物に移転する価値部分〕にくらべてわずかです。なぜなら、一方では機械の価値ははるかに大量の生産物に配分されるのに、同時に他方では、労働手段がはるかに経済的に充用され、またはるかに耐久性の高い材料からできているからです。

機械の充用によって節約される労働は、機械の生産に必要な労働よりも大きくなければなりません。ですから、機械の生産性は、機械が人間の労働を節約する程度によって測られます。たとえば、紡《つむ》ぎ車でなら二万七〇〇〇労働時間かかるだけの糸が、一台の自動紡績《ぼうせき》機によれば一五〇労働時間（機械で仕事をする労働者の労働時間の合計）で紡がれます。

機械が筋力をなくても済むものにするかぎりでは、機械は、筋力のない労働者、または身体の発達は未熟でも手足の柔軟性が比較的大きい労働者を充用するための手段になります。だからこそ、婦人労働と児童労働とが、機械の資本主義的な充用の最初の言葉だったのです！　こうして、労働と労働者とのこの最[2]も強力な代替物は、たちまち、性の区別も年齢の区別もなしに労働者家族の全員を資本の直接的支配のもとに編入することによって賃労働者の数をふやすための手段になりました。資本家のための強制労働は、子どもの遊びを横奪《おうだつ》してそれに取って代わっただけでなく、家庭内で慣習的な限界のなかで家族自身のために行なわれてきた自由な労働をも横奪し、それに取って代わりました[3]。労働力の価値を決めるものは、個々の成年労働者の維持に必要な労働時間だけでなく、労働者家族の維持に必要な労働時間もそのなかにはいっていました。ところが機械は、労働者家族の全員を労働市場に投げ込むことによって、成年男子の労働力の価値を彼の全家族のあいだに配分します。だから、機械は彼の労働力を減価させるのです。* 以前は、労働者は自分自身の労働力を売っていたのであり、自分の労働力を、彼は形式的には自由な人格として処分することができました。いまや彼は妻子を売ります。彼は奴隷商人になるのです。**

婦人労働がどれだけの害を与えるかは、イギリスの最良の[4]地区での児童の死亡率が一年間に一〇万

---

* たとえば、労働市場で売買されているのがもっぱら成年男子労働者の労働力だけだったとすると、労働力の価値を決定する労働力の再生産費には、労働者の生活費だけでなく、妻と子どもたちの生活・養育のための家族費（繁殖費）も必要です。ところが、妻も子どもたちもみな労働市場で労働力を売ってそれぞれの生活費を稼ぐようになったとすれば、成年男子労働者の労働力の再生産費のうちの家族費は要らないことになります。彼の労働力はそれだけ減価することになります。

** 「妻子を売る」、「奴隷商人になる」というのは、もちろん、資本主義的生産によって労働者家族にもたらされる悲惨な状況を言いあらわすための比喩です。

1　これがなければ ← 簡単な生産では　2　〔:最も:〕　3　代わりました。労働力の ← 代わりました。〔改行〕労働力の
4　最良の〔bestgelegen ← bestsituirt〕

人当たり九〇〇〇人であるのにたいして、最悪の地区、すなわち工業地区のそれは一〇万人当たり二万四〇〇〇—二万六〇〇〇人だ、という事実が証明しています。母親たちは子どもたちの面倒をみることができず、母乳の代わりに劣悪で有害な混合飲料を飲ませたり、また人為的に眠らせるために阿《あ》片《へん》剤を飲ませたりしなければならないのです。

資本によって結合された労働人員に圧倒的な数の児童や婦人を加えることによって、機械は、男子労働者がマニュファクチュア時代[1]に資本の専制にたいしてまだ行なっていた反抗をついに打ち破ります。労働者はますます奴隷化されます！

機械は、充用されることによって損耗するだけではありません。それが充用されていないときには、自然の作用がそれを腐朽《ふきゅう》させます。改良されたどんな機械も、改良の規模と作用とに応じて、それよりも不完全な機械を減価させます。ですから、資本家は自分の機械をできるだけ短期間に使い尽くそう、与えられているあらゆる時間からできるだけ多くの労働時間を切り取ろうと努めます。資本家はそれによって、損害から身を守るだけでなく、著しい利益を獲得することになるからです。

労働日の延長には、それがまったくあからさまに行なわれるのであろうと、「超過時間」*の名のもとに行なわれるのであろうと、建物や機械に投下される資本部分を増大させる必要なしに、より多くの商品を、だからまたより多くの剰余価値を生産できるという、資本家にとっての利点があります。

機械がある生産部門のなかで、まだごくわずかの資本家によって充用されているにすぎないあいだは、これらの資本家は独占状態にあって、もちろん「非常にうまい商売」をしますが、しかし機械経営が一般化してしまえば、剰余価値の大きさは、ただ、同時に就業する労働者の数と彼らの搾取の程度とにかかることになります。だからこそ、労働日の延長にたいする資本の法外な衝動が生じるのです。

機械の資本主義的な充用は、このように一方では労働日を延長し、また大量の新たな労働力（婦人と児童）に生産の仕事を押しつけると同時に、他方では労働者をたえず「過剰」にすることでいわゆる過剰人口を生産し、＊＊この過剰人口のあいだでの競争が労働力の価格を引き下げます。

だから、労働者がより少ない時間でより多くを生産することを可能にする機械が、資本の手のなかでは、労働日を無制限に延長する手段となるのです。しかし、このように労働者の生命の根源を脅かされた社会が標準労働日を法律で確定すると、資本は労働力をできるかぎり集約的に搾取しようと努力します。すなわち、労働者にたいして、より短い労働時間に、それ以上長い時間はその活動状態を保つことができないほど、著しく活動的であるように強制しようと〔つまり労働を強化しようと〕努

＊　**超過時間**　所定の労働日を越えて行なわれる労働時間のうち、サービス残業のように「まったくあからさまに」、つまり賃金の支払なしに行なわれる労働日延長とは違い、賃金が〔割増賃金であろうとなかろうと〕支払われるのが「超過時間」です。

＊＊　過剰人口の生産については、のちの「資本主義的人口法則」の章で、もっと立ち入って説明します。

1　マニュファクチュア時代→マニュファクチュア

力するのです。

この目的はどのようにして達成されるのでしょうか？　さまざまの方法によってです。同時にこれらの方法には、特定の支払方式、たとえば出来高賃金[*]がテコとして役だちます。

イギリスのマニュファクチュア労働者のあいだでは、労働時間が短縮されたのちには、一般的に、作業能力の増大が認められました。労働者の活動が機械によって決められる工場では、はじめは、短縮された労働日が労働力の緊張[1]を高めることはできないと信じられましたが、しかし結果は、これが間違った推定であったことを教えました。短縮された労働日では、一部は機械の速度が増加され[2]、一部は個々の労働者に割り当てられる見張りの範囲が広げられ、どちらも機械の改良や変更を必要にします。

マルクスは数字を挙げて、イギリスでは、法律による労働日短縮が行なわれてから[3]、個々の労働者の労働力がきわめて高い程度に緊張させられたので、数年も経たないうちに、工場の非常な増加や拡大にくらべて就業労働者数が著しく減少したことを証明しています。つまり、それぞれの労働者から、以前よりもはるかに多くの労働が搾り出されるようになったのです。いや、それどころか、搾取は次第にきわめて恥知らずなものになったので、労働者は、労働時間をさらに短縮することだけが、自分たちのあまりにも急速な消耗にたいする救済手段だと考えるようになりました。いまではすでにあちこちで九時間労働日や八時間労働日が勝ちとられています。

＊　出来高賃金については、のちの「労賃」の章で説明します。

1　緊張←生産性　2　増加され←高められ　3　行なわれてから←導入されたのちは

工場制度発展の諸結果

マニュファクチュアでは、さまざまな熟練度の労働者からなる等級制がありましたが、工場では〔労働者のあいだでの〕そのような大きな[1]不等性は消滅します[2]。ここでは一般に、もう平均労働者しかいません。彼らはただ年齢と性によってたがいに区別されるだけで、したがってまた[3]熟練の程度に応じてではなく、体力の程度に応じてさまざまな賃金[4]を受けとるのです。工場は[5]、本質的に、二つの種類の労働者を充用するだけです。現実に機械について働いている労働者（蒸気機関の見張りなどもこれに属します）と、機械に原料を渡す手伝い（たいていは児童）です。これらの二つの主要部類と並んで、さらに機械の調整や修理に従事している人員、たとえば技師や機械工などが現われます。

1　∴大きな∴　2　消滅します↑認められません　3　したがってまた↑もはやただそれらに従って、つまり　4　賃金を受けとる↑報酬を受ける　5　工場は、本質的に、二つの種類の労働者を充用するだけです↑工場内の分業が労働者にとって目に見えるような形態で存在するのは、もはやただ、本質的に、二つの種類の労働者がいるというかぎりでだけですマニュファクチュアでは、労働者は生涯にわたって道具を使わなければならなかったのにたいして、いまでは労働者は、生涯にわたって機械に使われるように工場によって運命づけられています。機械は、労働者自身を幼少のときから部分機械の一部にしてしまうことに悪用されます。労働力の[1]生産費は減少させられ、したがってまた[2]その価格も減少させられます。そして労働者の資本家への従属は最高点にまで達します。労働手段は、自動装置に転化されることによって、労働過程そのものが続いているあいだは資本として、つまり生きている労働力を支配し吸い尽くす死んだ労働として、労働者に立ち向かうのです。

筋肉労働と精神労働は工場では完全に分離されています。つまり筋肉労働者と労働監督者がいるわけです。兵営的な規律と専制的な統治とが[3]支配します。資本家は絶対君主のように支配し、さまざまの士官（支配人や職長など）が命令し、兵卒である労働者は黙って従わなければなりません。奴隷使役者のむちに代わって、監督の懲罰台帳が現われます。すべての懲罰《ちょうばつ》は、もちろん罰金と減給とに帰着します。そして工場リュクルゴス★たちの立法家的明敏は、場合によっては彼らの法律にたいする違反のほうが〔罰金や減給による収入によって〕それの遵守よりも彼らに多くの利益をもたらすようにするのです。

しかし、ただ[4]これらのことだけが工場の悪い側面なのではありません。それどころか、労働者は工場によって、まったく多様なしかたで害されます。労働者が生命の危険にさらされていることは、無数の事故が年々歳々その例証を与えていますが、こうした危険は別としても、高温、騒音、塵埃《じんあい》は、すべての感覚器官をひどく損なうように作用します。このような事情のもとでは、資本主義的生産は搾取の手段になるだけではありません。それは、たとえば空間や空気や光線のような、作業中の労働者の生活条件の系統的な強奪となり、また、労働者の慰安設備〔の欠如〕などはまったく論外としても、生命に危険で健康に有害な生産諸設備にたいする人体保護手段の系統的な強奪となるのです。フーリエ**が工場を「緩和された徒刑場」と呼んでいるのは不当でしょうか？

そして、新しい生産部門が手工業経営やマニュファクチュア的経営から工場経営に移行するときに労働者が耐えなければならない苦しみはどれほどのものでしょうか?! このような移行がゆっくりと進んで、手労働が機械労働に抵抗してこれと競争しようと試みるか、それとも、それが急速に進んで、

＊　リュクルゴス　紀元前九世紀から八世紀に実在したという説もある、スパルタの伝説的な立法者です。スパルタの国制と社会制度を定めたと伝えられます。「工場リュクルゴスたちの立法家的明敏」というのは、工場主たちが自分たちに利益をもたらすように狡猾に規律をつくりあげていることを皮肉ったものです。

＊＊　フーリエ　フランソア-マリ-シャルル・フーリエ（一七七二―一八三七年）　フランスの空想的社会主義者として、フランスのサン-シモンおよびイギリスのオウエンとともに、最も重要で有名です。彼は、『細分化され、むしずが走る、偽りの虚構産業と、その解毒剤である自然的な、結合した、魅力的な、真の、そして四倍もの製品を与える産業』（パリ、一八三五年）のなかで、工場を「緩和された徒刑場」と呼んでいます。

1　生産費←費用　2　その価格←労賃　3　支配します〔walten ← herrschen〕　4　これらのことだけが工場の悪い側面なのではありません←このことは工場の最悪の側面なのではありません

とつぜん大量の労働者を路上に放り出すか、このどちらかになります。まえの場合には、一九世紀の初めのイギリスの[1]木綿手織り工のように、ある部類の労働者の全体が数十年にわたって餓死《がし》と格闘することになります（目下のところ、これに似た恐怖劇が、ザクセン、シュレージエン、ベーメンなどの手織り工のもとで演じられています）。あとの場合には、しばしば、何千人もの人びとが即座に餓死します。一八三四—三五年、東インドでは、イギリスの機械木綿織物業が突然この地の手織物を駆逐したのですが、このとき東インド総督は、「困窮は商業史上にほとんど比類のないものである。木綿織物工の骨はインドの野を真っ白にしている」と書きました。

機械の改良はいずれも、労働者の一部分を失業させ、あるいは、婦人によって成年男子を、また児童によって婦人を排除します。労働者のあらゆる反抗を不可能にして労働者の奴隷制を[2]より強固に打ち立てようとする目的だけのためにも、資本は、新しい機械によって[3]労働者の熟練を余計なものにしようとたえず心がけています。

ですから、労働者たちが長期間にわたって、工場の根本条件である機械と狂信的に闘い、しばしば機械を打ち壊《こわ》すことに夢中になったことを不思議に思う必要はありません。（彼らの誤りは、機械それ自体は人類にどんなに大きな利益をもたらすものであるかということ、また、悪はもっぱら、個人がこれらの物をただ自分の利益だけのために充用することを可能にしている、転倒した支配的な所有関係にあるのだということを、彼らが見抜かなかったということだけです。）

工場制度の膨大な突発的な拡張能力[4]と工場制度の世界市場への依存とによって、もちろん、熱狂的な生産と、一般的な不況をともなう市場の充溢《じゅういつ》とが、交互にやってきます******。だからこそ、労働者の就業と生活状態とはきわめて不安定なのです。

景気が特別にいい時期を除いて、資本家たちのあいだで販路《はんろ》をめぐる激しい闘争が荒れ狂いますが、この闘争をたたかい抜くために用いられる武器は、商品をかぎりなく安くするということです。機械の改良などによって値下げが可能にならないときは、またもや労働者がひどい目にあわされます。彼[5]らの労働力の価格が引き下げられるのです。

---

* ザクセン　ドレースデンを中心とする、ドイツ中部の地域。旧ドイツ国の一州です。

** シュレージエン　シレジア。第二次世界大戦まで旧ドイツ国が領有した東ヨーロッパ中部の地方。現在は大部分がポーランドおよびチェコ、ドイツ東部の一部です。

*** ベーメン　ボヘミア。チェコの中心部です。

**** これらの地方の手織り工たちの収入は最高で六〇ターラーでした。三人の子どもをもつ家族の当時の最低生活費はほぼ一〇〇ターラーでした。彼らは、六〇ターラーのなかからさらにその四分の一から三分の一を国家と領主たちに支払わなければなりませんでした。〔MEGAの注解から〕

***** 機械打ち壊し運動として有名なのは、一八一一年に始まり一八一七年ごろまで続いたイギリスの「ラダイト運動」です。

****** この「周期的な局面転換」[134]については、のちに「資本主義的人口法則」の章でまた触れます。

1　木綿手織り工↑綿手織り工　2　より↑ますます　3　労働者の熟練を余計なものにしよう↑労働者の新たな削減を可能にしよう　4　拡張能力↑拡張　5　彼らの労働力の価格が引き下げられる↑彼らはとことん搾取される

機械経営がある生産部門に導入されることによってもたらされる直接的な結果は、たいていの場合、この部門で労働者数が減少する一方、他方で、この部門に原料を供給するほかの生産部門、あるいはこの部門の生産物をさらに加工するほかの生産部門で、労働者数が増加するということです。[1][2]

マニュファクチュア労働および工場労働と並んで、まだいわゆる家内労働が行なわれていますが、この種類の労働でなされている労働者の搾取はまったくすさまじいものです。手労働者たちは分散しているので、彼らの抵抗力は、マニュファクチュアや工場で働いている労働者にくらべてはるかに劣っています。そのうえ、彼らはたいてい時代遅れの道具で労働しており、また彼らと資本とのあいだにさまざまのブローカーがはいり込んで、彼らを骨までしゃぶりつくします。[3]

それでもきまって、次第に家内労働はマニュファクチュア労働に、マニュファクチュア労働は工場労働に転化していきます。法的な強制によって義務づけられた標準労働日は家内労働を掘りくずしていきます。なぜなら、そもそも家内労働は、労働者のまったく無制限な搾取が行なわれているのでないかぎり、工場労働と並んでは、もちこたえようがないからです。[4][5][6]

もろもろの工場法が実施された結果、おびただしい発明がもたらされました。これらの発明は、標準労働日によって義務づけられた、労働のいっせいの開始・終了を可能にするだけではなく、生産過程の全体を低廉化しました。たとえば、製陶業、壁紙印刷業、硫黄《いおう》マッチ製造業などでそうでした。[7][8]

たいていの場合、これらの工場法が発効する期日が決められるので、工場主たちはこの期日までの期間を利用して、当の法律が、つまり労働日の短縮が発効するのと同時に、できれば以前の機械設備よりも多くの利益を資本家にもたらすような機械設備も動きだす[9]ようにするために、科学のプロレタリア*にこの期間に新たなもろもろの発明を案出させます。ふつう[10]、小資本家はこの点で大資本家についていくことができなくて、破滅します[11]。その結果は、たえまのない資本の集中です。

資本が、新たな工場法の一つひとつに金切《かな》り声をあげて反対し、それが強行されてしまうまで、その実施は絶対に不可能だと宣言しつづけることは、資本の吸血鬼的な本性だけからしてもそうであるほかはない必然的なことです。それにもかかわらず、工場立法は資本主義のまったく自然な産物です。資本主義そのものの存続がこのような立法を生み出すのです。

そのうえ、思いおこす必要があるのは、これらの法律の多くは、容易にくぐり抜けることができる

＊　科学のプロレタリア　科学・技術の労働に従事する賃労働者のことです。

1　機械経営がある生産部門に導入されること↑ある生産部門での機械経営の改良と拡大　2　他方で、この部門に原料を供給するほかの生産部門、あるいはこの部門の生産物をさらに加工するほかの生産部門で↑他方でほかの生産諸部門では、すなわち一部はこの部門に原料を供給する生産諸部門、一部はこの部門の生産物をさらに加工するほかの生産部門では　3　並んで、〈しばしば〉　4　法的な強制によって義務づけられた標準労働日は家内労働を掘りくずしていきます↑標準労働日が法的に導入されると、ふつうは、家内労働はたちまち没落します　5　労働者のまったく無制限な搾取↑まったく無制限な労働日　6　もちこたえよう↑考えよう　7　結果、〈いわば〉　8　もたらされました↑なされました　9　動きだす↑動きだせる　10　ふつう↑しばしば　11　破滅します。〈だからまた〉

ものであって、じっさい、くぐり抜けの事例にこと欠かないということ、労働者の健康や児童の教育のためには依然としてほとんど対策が講じられていないということ、そしてこのほかにも、工場立法がまだまったく配慮していないおびただしい劣悪状態が存在するということです。（マルクスがここで念頭に置いているのは、おもに[1]イギリスです。ほかのたいていの[2]国家では、労働者はほとんど、どんな制限もなしに搾取されることができています。）

よく知られているように、手工業同職組合の時代には、各種の商品の生産方法[3]は、変わらないようにしつこいまでに予防されていました。大工業ではそうではありません。大工業はむしろ逆に、生産過程のどんな形態をも最終的なものだとは認めず、すべての生産部門をたえず変革します。

旧式となった機械が新しい機械によってたえまなく駆逐されるだけでなく、社会的分業が同じようにたえまのない変形をこうむります[4]。

労働者階級の肉体的精神的保護の手段として工場立法の一般化が不可避になったのにたいして、工場立法の一般化は他方で、まえにも触れたように、矮小《わいしょう》規模の分散的な労働過程から大規模の結合された労働過程への転化を、資本の集積と工場体系そのものを一般化し、促進します。工場立法の一般化は、資本の支配をなお部分的に覆い隠している古風な形態や過渡形態をことごとく破壊して、その代わりに資本の直接のむき出しの支配をもってきます。したがってまた、工場立法の一般化は、この支配にたいする直接の闘争をも一般化します。

大工業による農業の改造は、労働者にとってはたしかに工場労働につきものの肉体的な災いをもたらしませんが、その代わり、それが進めば進むほど、彼らを、農業以外での使い道をつくりださないままに、それだけますます「過剰」にします。

大工業は農業の部面では、古い社会の堡塁《ほうるい》である「農民」*を滅《ほろ》ぼして賃労働者をそれに替えるかぎりで、最も革命的に作用します。都市と農村とのあいだの対立はこうして取り除かれ、それらの社会的な変革の必要は、共通のものとなります。

農業が大工業的に営まれれば[5]営まれるほど、労働者ばかりでなく、土地もまた、それだけますます決定的に搾取されます**。ですから、資本主義的生産様式が社会的生産過程の技術および結合を発展さ

---

* 農民　この「農民」は、所有する狭小な土地を自分と家族とで耕作している自営農民のことです。封建社会の末期には、こうした農民たちは絶対主義的君主制にとっての「堡塁」の役割を果たしていました。

** 土地の搾取　農業での最重要な生産手段は土地ですが、農業が資本主義的に営まれると、しばしば、借地農業者にとっては土地を借りている期間に得られる利潤を増大させることだけが目的となって、地力の維持・回復が考慮されない結果、土地が疲弊してしまうことになります。このようなしかたでの土地の利用を「土地の搾取」と言い、そのようなしかたでの農業経営を「搾取農業」と言います。↓搾取 [73]

1　おもにイギリス↑イギリスだけ　2　⁝たいていの⁝　3　生産方法↑生産形態　4　こうむります。〈工場立法は、すでに見ましたように、社会が資本家による労働者の無制限な搾取によって生じる極度の危険にさらされていることにもとづいてのみ、一歩一歩制定されうるのであり、その帰結として、それはついには、生産過程の資本主義的形態に永遠の罰を加えます。〉　5　営まれるほど、〈すべての個々の〉

せるのは、同時にいっさいの富の源泉を、すなわち土地をも労働者をも破壊することによってでしかありません。★

★ マルクスは『資本論』では、これに続けて、資本主義的生産のもとでの生産力の発展は自然環境を破壊し、人間と自然との物質代謝、両者のエコロジカルな関係を破壊することによって、しかし「ふたたびそれを、しかしこんどは社会的生産の規制的法則として、また人間の十分な発展に適合する形態で、体系的に確立することを人間に強制する」、と述べています。マルクスは、現代の公害や環境破壊の深刻化の根源を衝いただけでなく、それの克服に向けての人びとの立ち上がりを先見的に見抜いていたのです。

労賃

資本家が労働者から受けとるものは、ある量の労働です。資本家はこの労働を入手するのに、ある量のほかの財貨、たとえば何重量ポンドの鉄、何エレの布、何シェッフェル*の小麦などにたいして支払うのとまったく同じく、ある量の貨幣を支払います。そこで、〔資本家の目にはもちろんのこと、〕労働者の目にも、自分がこの支払で受けとる貨幣は、ほかのすべての商品の場合と同じく、提供される商品の価値または価格を、したがって労働の価値または価格を埋めあわせるもののように見えます。だからこそ、この貨幣は労賃**と呼ばれるのです。毎日の交易でのもろもろのできごとから直接に生まれてくる観念は、人間の頭脳のなかに固く刻み込まれて、自明の真理だと思い込まれるようになるも

---

* シェッフェル　ドイツで一八七二年から一八八四年にかけて使われた体積の単位です。一シェッフェル＝五〇重量ポンド。

** **労賃**　ドイツ語では Arbeitslohn です。Arbeit が「労働」、Lohn が「賃金」ですから、この語は「労働にたいする賃金」つまり「労働賃金」を意味します。以下で「労賃という形態」と言うときには、労働力への対価そのものではなくて、これがとっている「労働にたいする賃金」という形態を指しています。「労賃」という語にであったら、頭のなかで「労働にたいする賃金」と言い換えてみてください。

のですが、このことを頭に置けば、なぜ、資本家も労働者も経済学者も社会主義者も、いまだかつて次の問いを発することさえしなかったのか、ということが容易にわかります。すなわち、労働の価値または価格なるものは、だからまた、言うところの労働の価値または価格の貨幣化にほかならない労賃というものは、ほんとうに存在するのだろうか、という問いです。

本書の読者であれば、すでに次のことを知っています。すなわち、労賃は、労働力の価値または価格にたいして——労働の価値または価格にたいしてではなくて——支払われる等価物のたんなる現象形態、転倒した表現様式以外のなにものでもないということ、じっさいに価値をもつのは労働力そのものなのだということ、そして労働力が価値をもつのは、労働力もまた労働の一つの生産物であって、それの生産と維持とが労働を必要とするからなのだ、ということです。でも皆さんは、労賃というこの形態が〔資本家のために〕果たしている役だちは、「社会」の検事、政治家、兵士などのいっさいがっさいが果たしている役だちでさえもそれにはとうてい及ばない、というほどの大きいものであることをはっきりとつかまなくてはなりません。

すでに見ましたように、そもそも労働者が労働する許し、したがって生きていく許しを手に入れるのは、労働者が資本家のための強制労働を行なうときだけです。いま「強制労働」と言ったのは、ある人間が、餓死《がし》の罰を恐れてであろうと、あるいはまたただ放浪者だとして監禁される危険にさらされてであろうと、ほかの人間たちのために無償で行なわなければならないどんな労働も、その本性から強制労働であって、このことは、この人間がほかの個々の人間なり、階級なりにたいするある隷属関係のもとにあるということ、だから彼は事実上一種の奴隷でありけっして自由人ではない、ということを示しているのだからです。そこで、この本当の事情が、労賃というありふれた形態によってどのように覆い隠されるのか、ということを見てみましょう。

わたしたちはふたたび、まえにとった例をとることにしましょう。つまり、労働者は毎日一二時間、すなわち前半の六時間は自分の生計費を稼ぐために、すなわち、資本家が彼に支払う一ターラーの額の彼の労働力の日価値を埋めあわせるために、そして後半の六時間は、同じ資本家に一ターラーの剰余価値を提供するために、労働しなければならないものとしましょう。さて、一ターラーという彼の労働力の日価値または日価格が、彼の日労働の価値または価格として表現される場合には、この一ターラーは、一二時間労働の労賃、しかもこの労働量の価値にまったく対応している労賃、それよりもびた一文多くも少なくもない労賃を表わしています。ですから、見かけのうえでは、労働者は自分の労働のうちの一分《いっぷん》たりとも無償で行なってはいないわけです。このように、彼の強制労働の、だからまた彼の隷属関係の痕跡《こんせき》があとかたもなく消えてしまっています。しかも、これですべてではありません。労働が、価値の創造者ではなくて、むしろそれ自身が一つの価値物であるのなら、労働はまた、ほかのあらゆる生産手段と同じく、それを使って生産される生産物に、それ自身がもっている以上の価値を、つまりわたしたちの例では一ターラー以上の価値を付け加えることはできません。そのような想定のもとでは、生産物についてきた、そして剰余価値として資本家のふところにはいる二番目の一ターラーは、一ターラーの労賃によってすでにその全価値が支払われてしまっている労働者の一二時間の労働から生じることはまったくできません。この一ターラーは、資本の不可思議な自家受精からであろうと、資本家のヘラクレス[*]的労働からであろうと、とにかくほかのなんらかの源泉から出てくるのでなければなりません。しかも資本家のヘラクレス的労働から出てくるのだとすれば、それは、資本家自身が受けとる労賃の別名にすぎない、ということになるでありましょう。[**]

夫役《ぶやく》労働では事情は明白です。夫役民は、これこれの日数だけ自分自身のために労働し、これこれの日数だけ強制労働を行なわなければなりません。〔ですからここでは必要労働と剰余労働とは、空間的にも時間的にも手にとるようにはっきりと分かれています。〕奴隷労働では、労働日のうち奴隷が自分自身の生活手段の価値を埋めあわせるだけの部分〔つまり必要労働〕でさえも、不払いのものとして現われます。奴隷労働では、奴隷の置かれている所有関係が、奴隷が自分のために労働することを覆《おお》い隠すのにたいして、賃労働では、貨幣関係によって、賃労働者が無償で労働することが覆い隠されるのです。

しかし、ひとたび労働の価値または価格の秘密の真相を、だからまた労賃の秘密の真相を知ったならば、この転倒した表現様式でも、労働力の価値または価格を決める法則を言い表わすことはできます。

労賃の二つの主要な種類は、時間賃金と出来高賃金です。労働力はつねに、もっぱら一定の時間極めで売られるので、賃金も、なによりもまず日賃金、週賃金などの形態をとります。これにたいして出来高賃金では、労働はそれ自身の量によって支払われるのではなくて、労働によって提供される生産物の量に比例して支払われるように見えます。

時間賃金の場合、いわゆる労働価格〔すなわちいわゆる賃率〕を正確に測るためには、度量単位として一時間をとらなければなりません。*** つまり日賃金を労働日の時間数[1]で割らなければなりません。[2]こうしなければ、間違った結果に到達することになります。たとえば、毎日、ある労働者が一〇時間[3]、

---

* ヘラクレス　ギリシア神話のなかの最大の英雄。ゼウスの息子で、かずかずの超人的な功業を成し遂げたとされます。「資本家のヘラクレス的労働」とか、「現代のヘラクレス」[124]というのは、もちろん強烈な皮肉です。

** マルクスは『資本論』の第三巻で、剰余価値のうちの一部分が、資本の所有にたいする利子という形態をとるようになると、剰余価値の残りの部分が資本の機能にたいする「企業利得」という形態をとることになり、これがさらには、「資本家の労働にたいする労賃」という転倒した観念を必然的に生み出す次第を明らかにしています。

*** このように、度量単位として一時間をとることによって、「労働」が一時間いくらで売買されているのだという観念が完成し、その結果、労働力の日価値――すなわち一日あたりの労働力の価値――が日賃金の大きさを規定しているという本質的な関係が完全に消えてしまいます。つまり、日賃金が労働力の毎日の再生産を支えることで労働者が生活でき、資本主義社会が存続できている、ということが完全に見えなくなるのです。

1　時間数で〔durch die Stundenzahl ← mit der Stundenzahl〕　2　こうしなければ、間違った結果に到達することになります ← かりにこうしないとしたなら、容易には正しい結果に到達しないことになるでしょう　3　一〇時間、ほかの労働者が一二時間、労働して ← 毎日一〇時間、ほかの労働者が毎日一二時間、労働して

ほかの労働者が一二時間、労働して、どちらもそれぞれ[1]一ターラーを受けとるとき、たしかに彼らの[2]日賃金は同じですが、彼らの[3]労働の価格〔すなわち賃率〕は同じではありません。というのは、一方は一時間当たり[4]一〇分の一ターラーを受けとるのにたいして、他方は[5]一二分の一ターラーしか受けとらない[6]のだからです。

[7]いわゆる時間賃金が行なわれているところでは、労働者にとって危険な状況が容易に生じることができます。つまり、資本家は、あるときには毎日異常に多くの時間数の労働を行なうように要求し、またあるときにはまったくわずかの時間数の労働しか行なわないように要求することができるので、まえの場合には過労が生じ、あとの場合には、[8]たんに露命をつなぐのに必要なだけの賃金[9]でさえも得られないということになるのです。

非常に好まれる慣行ですが、労働日の長さが決まっていて、そのうえでさらにいわゆる超過時間*が採用されるときには、[10]超過時間にたいする支払を含む日賃金の総額によって埋めあわされるものは、労働力の日価値よりも多くないだけでなく、むしろ非常にしばしば、それよりも少ないのです。

労働日が長くなればなるほど〔[11]そのうちの一部分が超過時間として認められ〔それへの賃金が支払われ〕ようが認められまいが〕、それだけ〔資本家が支払う〕労賃は少なくて済みます。ほかでもない、一人の労働者の生産量が増えれば増えるほど、同じ量の商品を生産するのに必要な労働者の数はそれだけ少なくなるので、それだけ〔労働市場での〕労働力の供給は増大し、労働力の価格は下落しないではいません。労働日が例外的に長く、だからまた資本家が剰余労働の増大と標準的な労賃の引き下げとによって並はずれた利潤を獲得している生産部門では、競争の結果、商品価格も次第にその標準的な水準以下に押し下げられます。だからこそ資本家の側は、二重に、つまり短い労働時間に戻ることを押さえよう、また高い労賃に戻ることを押さえようという努力を執拗《しつよう》に行なうのです。

出来高賃金は、この賃金種類の場合にはまるで労働の価格が[12]提供される生産物の量によって決定されるかのように見える外観がありますけれど、時間賃金の転化された形態にすぎません。出来高賃金を確定するときにはつねに次のことが問題になります。すなわち、普通の労働日はどれだけの長さなのか、平均的な勤勉さと熟練とをもった労働者は一労働日のあいだにどれだけの量の商品を生産するのか、こうした事情のもとでは、日々の労賃はどれだけの高さなのか、ということです。たとえば、

＊　超過時間　↓超過時間 [95]

1　一ターラー〈の日賃金〉　2　日賃金↑賃金　3　労働の価格↑労働力の価格　4　一〇分の一ターラー〈の賃金〉　5　一二分の一ターラー〈の賃金〉　6　のだからです。〈資本家たちはこの点についてよくわかっているので、彼らはあるときは日賃金を、あるときは時間賃金を決めるのです。〉　7　いわゆる時間賃金↑後者　8　たんに露命をつなぐ↑正常な寿命を送る　9　でさえも↑を　10　超過時間にたいする支払を含む日賃金の総額によって埋めあわされるものは、労働力の日価値よりも多くないだけでなく、むしろ非常にしばしば、それよりも少ない↑超過時間にたいする支払を込めた賃金は、必要最小限の生活欲求の充足に必要とされるよりも多いことはない　11　そのうちの一部分が超過時間として認められようが認められまいが↑それ自体としてであろうと、本来の労働日と超過時間とからなっていようと　12　提供される生産物の量によって↑労働者の作業能力によってのみ

一ターラーの日賃金を受けとる一人の労働者がある商品を一二時間労働日に、平均して三〇個生産することがわかっているときには、この商品の一個当たりの出来高賃金は一銀グロッシェン〔三〇分の一ターラー〕で、三〇個当たりでは一ターラーとなります。ですから労働者にとっては〔時間賃金から出来高賃金への〕賃金形態のこの変更からはなんの利益も生じないのですが、資本家のほうは、以下のように、この変更から一石数鳥の利益を引き出すことを心得ているのです。

時間賃金の場合には、ときとして労働者が、〔資本家が〕彼らに平均的に達成させようとする商品量よりも少ない量しか生産しないということがありうるのにたいして、つまり労働者が資本家をときとして――資本語[*]で言えば――「だます」ことがありうるのにたいして、出来高賃金の場合には、どんなことがあっても、一定額の賃金を得るためには、同じく一定量の商品が完成されなければなりません。商品の質の点でも同じです。商品は、定められた品質をもっていなければなりません。商品のあら探しと賃金の控除は出来高賃金と分かちがたく結びついていて、資本家はこれらを体系的にだましとりのかたちで応用します。資本家はまた、これによって監督費用を大幅に削減できるのです。

すでにまえに言及した家内労働では、出来高賃金が広く行なわれていますが、その理由は、出来高賃金が、ここでは不可能な監督の代わりをしてくれるからです。

マニュファクチュアや工場では資本家は、いわゆる本労働者たち（職長など）と出来高賃金にもとづいて契約を結びますが、この本労働者たちは、一定の賃金額と引き換えに一定量の商品を、ほかの若干の労働者たちの助けを借りて生産します。そのさいもちろん、彼らは自分の補助労働者をできるかぎりペテンにかけるのです。こうして、労働者は労働者によって搾取され[5]、資本家には搾取が容易になるわけです。

出来高賃金労働者は、自分の所得を高めようとして、自分の力を極度にまで緊張させ、労働時間を延長しようと努めますが、このことは、時間賃金の場合と同じ理由から、結局は賃金の引き下げという結果をもたらします。出来高賃金が行なわれているところで労働者が働いて得るものは、もろもろの病気や早死で、結局は、時間賃金のもとで適度に労働している場合よりももっとひどい[6]状態に置かれることになります。労働者が資本主義的生産様式の諸法則について無知であることが、こうしたことになる主な原因なのです。

出来高賃金は、ごくまれにはすでに一四世紀に現われていますが、大工業の導入とともに、はじめてかなり一般的に利用されるようになります。大工業はその最初の突進の時期に出来高賃金を、主として労働時間の延長と労賃の引き下げのためのテコとして利用するのです。

＊ 資本語　もちろんこんな言語があるわけではありません。資本家はいつでも自分に都合のいい物言いや言い回しを使って、自他ともに目くらましをします。そういう言葉遣いを皮肉っているわけです。

1 ：この：　2 のですが、〈資本家にとってはなんの不都合もないのであって、〉　3 一石数鳥の〈ほかの〉　4 達成させよう ↑ 生産させよう　5 搾取され〈ますが〉　6 労働している場合よりももっとひどい ↑ 労働していた場合と同様にひどい

[1]資本の再生産過程と蓄積過程★

社会は、消費をやめることができないように、生産をやめることができません。どんな社会的生産過程も、それを連続的な関連のなかで、またそのたえまない更新の流れのなかで見れば、同時に再生産過程です。生産過程が資本主義的な形態をもっているときには、再生産過程も資本主義的な形態をもっています。

生産過程は、あらかじめ取り決められた時間極《ぎ》めでの労働力の購買によって準備されますが、この準備は、労働の販売期間が満了し、したがってたとえば週、月などという一定の生産期間が終わるごとに、たえず更新されます。労働者は、その労働力が働いたあとで、はじめて支払を受けます。労賃の形態でたえず労働者のもとに還流するのは、労働者自身によって生産される生産物の一部です。

★ **資本の再生産過程と蓄積過程**　『資本と労働』第二版では「資本の維持過程と増大過程」となっていますが、『資本論』での表現にあわせて、「資本の再生産過程と蓄積過程」に変更しました。

1　資本の維持過程と増大過程〔Der Erhaltungs- und Anhäufungs-Prozeß〕〔本訳では「資本の再生産過程と蓄積過程」としました。〕← 資本の増大過程と維持過程〔Der Vermehrungs- und Erhaltungs-Prozeß〕

さて、資本家が最初に、たとえば一〇〇〇ターラーをもっていたものとしましょう。この一〇〇〇ターラーがどこからきたのかを洗いだすことはしないでおきましょう。でも、資本家がいま、この一〇〇〇ターラーを資本主義的に使って毎年二〇〇ターラーの剰余価値を手に入れ、しかも毎年この剰余価値を消費し尽くすのだとすれば、五年間に彼は、最初に投下された資本と正確に同じだけの額を消費し尽くすわけです。資本家が、自分が食べたのは利潤〔つまり剰余価値〕だけで、自分の最初の資本はいまなおそのままもっているのだと考えようと、またこの資本のあれこれの部分、たとえば建物、機械などがまだまぎれもなく最初の形態で存続しているではないか、と考えようと、こうしたことはすべてここでの問題ではありません。〔ここでの問題のかなめは、五年後にも資本があるのは、資本家つまり資本を代表する生きた人格が、この五年のあいだ剰余価値だけの価値額を毎年消費することによって、たえず再生産されてきたからなのだ、というところにあります。要するに〕資本家は五年間に、投下された資本価値と同額の一〇〇〇ターラーを消費し尽くしたのです。ですから、もしも彼がこの価値を不払労働によって埋めあわすことをしなかったならば、五年のあいだに彼の資本はなくなってしまったか、あるいは〔もし毎年だれかから二〇〇ターラーずつ借りてそれを消費したのであれば〕彼は、それと同じ額だけ、だれかある人の債務者となっていたはずです。つまり、この場合、資本は五年間で再生産されたのです。投下資本価値を、毎年消費し尽くされる剰余価値で割れば、最初の投下資本価値が資本家によって食い尽くされ、だから、また消えてなくなってしまうまでの年数、すなわち再生産期間ができます。資本が資本家自身の労働から生まれたものであろうとなかろうと、つまりそれが最初にどこから生まれたものであろうと、それは遅かれ早かれ、不払いの他人労働が体現したものに転化するのです。

貨幣が資本に転化するための最初の前提は、商品生産と商品流通だけではありませんでした。〔労働市場という〕商品市場で、価値または貨幣の所持者と価値を創造する実体の所持者とが、すなわち生産手段および生活手段の所持者と労働力の所持者とが、たがいに買い手および売り手として対し合わなければなりませんでした。このような資本主義的生産過程の与えられた基礎は、この過程そのものによってたえず再生産されます。ですから、労働者自身が、たえず物象的な富を資本として、すなわち自分には疎遠《そえん》な、自分を支配し搾取する力として、生産するのであり、同じく資本家も、たえず労働力を、自分自身を対象化し実現する手段から切り離された、労働者のたんなる肉体のうちに存在する、[1]まったく人格的な、富の源泉として、生産するのであり、要するに労働者を、賃労働者として、生産するのです。

労働者の個人的消費でさえも、[2]それが労働力を維持するというかぎりでは、たとえば機械が給油、清掃などによって維持されるように、資本の生産および再生産の一部となっています。ちょうど運搬《うんぱん》

1　まったく人格的な ↑ 抽象的な、人格的な　2　それが労働力を維持するというかぎりでは ↑ それはほんらいただ労働力を維持するのだから

用の役畜《えきちく》がそれの所有者の利益のために餌《えさ》を食うのと同じく、労働者は、労働できるために[1]彼が個人的に消費しなければならないものを、資本家の利益のために消費するのです。

こういうわけで、社会的な見地から見れば、労働者階級は、直接的な労働過程のそとにあっても、生命のない労働用具と同じく資本の付属物なのです。ローマの奴隷は鎖によってその所有者につながれていましたが、賃労働者は見えない糸によってその所有者につながれているのです。*

以前には資本は、自分にとって必要と思われた場合には、「自由な労働者」にたいする自分の所有権を強制法によって押し通しました。たとえば、イギリスでは一八一五年にいたるまで、機械労働者の移住は禁止されており、それを犯すと処罰されました。イギリスの綿工業が不振をきわめていたアメリカ南北戦争の当時、労働者たちは、移住を容易にするための国[2]の援助を求めました。そこで、綿業貴族たち［つまり綿業資本家たち］は気が狂ったように振る舞い、次のように言いました。労働者たちには、彼らが死なないようになんらかの働き口の提供（たとえば砕石など）と引き換えにわずかの「援助」が与えられるべきだが、しかし、移住を容易にすることだけはすべきではないのだ、と。彼らはかなり露骨に、労働者は、あとでまた自分たちが必要とする自分たちの乳牛である、なぜなら、労働者なしにはどんな剰余価値の獲得も考えられないからだ、と述べたものです。資本家の議会も、自分の使命をけっして見違えることなく、綿業の騎士たち［つまり綿業資本家たち］が望むように行動しました。

こうして、資本主義的生産過程はそれ自身の進行によって、労働力と労働条件との分離を再生産します。したがってそれは、労働者の搾取条件を再生産し、永久化します。それは、労働者には自分の労働力を売って生きていくことをたえず強要し、資本家にはそれを買って富をなすことをたえず可能にします。資本家と労働者とを商品市場で買い手と売り手として向かい合わせるものは、もはや偶然ではありません。一方の人をたえず自分の労働力の売り手として商品市場に投げ返し、また自分自身の生産物をたえず他方の人にとっての〔労働力の〕購買手段に転化させるものは、過程そのものの必至の成り行きです。じっさい労働者は、自分を資本家に売るまえに、すでに資本家に属しているのです。労働者の隷属は、彼らの自己販売の周期的更新や彼らの個々の雇い主の入れ替わりや労働の市場価格の変動によって媒介されていると同時に覆い隠されています。こうして、資本主義的生産過程は、関連のなかで見るならば、すなわち再生産過程としては、商品だけでなく、剰余価値だけでなく、資本関係そのものを、一方には資本家を他方には賃労働者を、生産し再生産するのです。

これまでは、どのようにして資本から剰余価値が発生するか、ということについて述べてきましたが、こんどは、どのようにして剰余価値から資本が発生するか、ということを観察しましょう。

＊ マルクスは『資本と労働』の第二版の自用本で、この文章に下線を引いています。〔MEGAの注解から〕

1 労働できるために彼が個人的に消費しなければならない↑彼が個人的に消費する　2 国の援助〔Nationalhilfe↑Staatshilfe〕

一万ターラーのある資本が毎年二〇〇〇ターラーの剰余価値をもたらすものとし、この剰余価値がつねに、いつも同じ事情のもとでふたたび生産に使用されるものと仮定すれば、この二〇〇〇ターラーからもまた、毎年四〇〇ターラーの剰余価値が生まれることになります。さて、最初の一万ターラーがどこからやってきたのかを詮索《せんさく》しないとしても、あるいは、これの所持者が（この人はもしかすると現代のヘラクレス*かもしれないので）これを自分の労働でつくりだしたのだと仮定したとしても、二〇〇〇ターラーの剰余価値については、それがどのようにして発生したのかということは、つまり、それが貨幣に転化された他人の不払労働なのだということは、だれでもまったく正確に知っています。まして、さきの四〇〇ターラーにいたってはなおさらのことです！　これを生産するために資本家が投下した（〔資本語で言えば〕リスクにさらした？）のは、人も知るように、この資本家がすでに他人の労働からわがものにしたものだけです。ですから、資本家は、より多くの不払労働をわがものにすればするほど、それだけさらに多くの不払労働をわがものにすることができるのです。言葉を換えれば、資本家は、労働者を破廉恥《はれんち》に搾取すればするほど、それだけますます多くの労働者を搾取することが、ますます容易になるのです。ウェイクフィールド**が言うように、「資本が労働を充用する以前に、労働は資本を創造する***」のです。

「このようにして資本を増大させていくことを資本の蓄積と言います。剰余価値が資本に転化されると、この資本価値は資本家が所有します。この資本所有は、資本家が生産過程で剰余価値を取得したこと、すなわちわがものにしたことの結果です。ここでは、労働者による剰余価値の生産と資本家によるそれの取得こそが資本の所有をつくりだしているのです。資本の蓄積によって資本が増大していけばいくほど、ここではまだその素性を洗いだしてはいない――そして資本家は自分の労働で手に入れたものだと称している――最初の資本が資本全体のなかで占める割合は無限小になり、ほとんどの資本の所有が労働者の不払労働の取得の結果になっていきます。」

わたしたちは、はじめにまず、資本家は剰余価値の全額を自分の消費のために使用するものと仮定し、次に、資本家は剰余価値の全部を新たな資本に転化するものと仮定しました。現実には、このどちらか一方だけということはなく、剰余価値は両方のしかたで使用されます。

ですから、一国で生産される、資本に転化されることができる剰余価値の額は、じっさいに資本に

---

* 現代のヘラクレス　↓ヘラクレス〔113〕

** ウェイクフィールド　エドワド・ギボン・ウェイクフィールド（一七九六―一八六二年）投獄中に海外流刑地問題に興味を抱いたのが機縁となって植民問題に一生を捧げたイギリスの植民政策家で、経済学者としても優れた業績を残しました。マルクスは『資本論』第一部の最終章でウェイクフィールドの植民理論を取り上げて、彼が「植民地で本国の資本主義的諸関係についての真理を発見した」ことを彼の「大きな功績」だとしています。「資本が労働を充用する以前に、労働は資本を創造する」という文章は、彼の著書『イギリスとアメリカ』（ロンドン、一八三三年）からのものです。

*** マルクスは『資本と労働』の第二版の自用本で、ウェイクフィールドからのこの引用に下線を引いています。〔MEGAの注解から〕

1 いつも同じ事情のもとで↑同じ生産事情のもとで

転化される額よりも〔資本家が自分で消費してしまう額だけ〕つねに大きいということになるのです。資本主義的生産様式が発展していればいるほど、剰余価値がより多く発生すればするほど、それだけまた資本家の奢侈と浪費も大きくなるのです。

しかし資本家は、生産された剰余価値からできるだけ少なく消費し、できるだけ多く資本化するかぎりでのみ、歴史的な価値と歴史的な存在理由とをもっています。というのも、そうするときに彼は、人類に、生産のための生産を、すなわち、それだけが、より高度の社会形態の基礎を形成することができるような生産諸条件の創造を強制するのだからです。ちなみに、すでに競争によってだけでも、資本家は自分の資本のたえまない拡大を強制されています。それればかりではなく、[1]資本家の支配は自分の資本増加とともに増大しもするので、支配欲は富への衝動と結びつくのです。

資本主義的生産様式の歴史上の発端では——そして資本家に成り上がる者はそれぞれ個別的にこの歴史的段階をとおるのですが——、富への衝動と貪欲《どんよく》とが絶対的な熱情として優勢を占めます。しかし、資本主義的生産の進展は享楽《きょうらく》の世界をつくりだすだけではありません。それは、投機や信用制度によって、突発的に富を成す多数の源泉を開きます。発展がある程度の高さにまで達すれば、富の誇示《こじ》であり同時に信用の手段でもある世間並み程度の[2]浪費は、資本家の営業上の必要にさえなります。

貪欲と享楽欲は、このように資本家の[3]胸のなかで二つの魂★となります。にもかかわらず、貪欲[4]そのものは、資本家に、その名も高い、〔資本語で言うと〕享楽の「節欲」をしようとさせるよりは、むしろ、労働者の搾取のできるかぎりの増大、労賃の引き下げ、等々をしようとさせるのです。

＊ **二つの魂** マルクスは『資本論』で、「資本家の高く張った胸のなかでは、蓄積欲と享楽欲とのファウスト的葛藤が展開されます」と書き、ゲーテの『ファウスト』から、「彼の胸のなかには、ああ、二つの魂が住んでいて、それがたがいに離れたがっているのだ！」という文章を引用しています。

1 資本家の支配は自分の資本増加とともに増大しもするので、支配欲は富への衝動と結びつく↑ 資本の支配は資本の増加とともに増大するのであって、この事情によって、支配欲が呼びさまされて富への衝動となる 2 浪費は、〈不運な〉 3 胸のなかで〈等しく自己を主張する〉 4 ⋮そのもの⋮

すでに見ましたように、剰余価値の一部分がたえず資本に追加されて生産過程に用いられるのですから、つまり資本が——そしてそれとともに生産の規模が——継続的に増大するのですから、労働力の買い入れに使われる資本部分、すなわち賃金原資《ファンド》も、たえず増加しないではいません。

ところで、資本主義的生産様式によって資本関係そのものが、すなわち一方には資本家、他方には賃労働者が再生産されることを考えれば、拡大された規模での資本の再生産[1]につれて、また、一方ではより多くの、またはより大きな資本家が、他方にはより多くの賃労働者が生まれないではいない、ということがわかります。たしかに、ときには、新たな市場が開かれるとか新たな生産部門が生まれるとかといったような事情が生じて、資本の増大[2]が非常に高い度合いで進行し、労働の供給[3]がそれに追いつけないために労賃が上昇して、資本家をひどく心配させることがありますが、しかしこのような例外は、規則を変えるものではまったくありません。(このような例外的な場合でも、資本家は、

1 資本の再生産←資本の拡大　2 増大←拡大　3 供給←増加

労働者が繁殖によって著しく増大して労働の価格が下落するまで待つようなことはしません。彼らは、そのような忍耐を自分たちに期待することは、黙って理論家たち*に任せておきます。彼らはむしろ、抜け目のない実務家として、労働者たちを解き離すことができるような機械の発明者に報奨金《ほうしょうきん》を出すのです。)

労働の生産性を高めるもろもろの方法が、生産規模のたえまない拡大を前提することはまえに述べました。また、生産手段が私的に所有されている社会が前提されているときには、生産手段と生活手段とが個々の資本家の手中に集積されている程度に応じてしか生産を拡大することができない、ということはおのずから明らかです。

ですから、手工業から、また総じて小経営**から、資本主義的生産様式への移行が成し遂げられることができたのは、本当に資本主義的な生産時代が始まる以前に、個々の商品生産者の手中にすでにある種の資本蓄積が行なわれていたからです。この蓄積は、本源的な資本形成と呼ぶことができます。これがどのようにして行なわれたのかは、あとで〔「現代の資本の起源」の章で〕述べることにします。

というわけで、[1]資本の蓄積は資本主義的生産様式を可能にし、資本主義的生産様式はこれはまたこれで[2]資本の蓄積を可能にするのです。ところで、個々の資本家たちはたがいにたえず闘い合っていて、そこでの彼らの武器は商品を安くすることです。資本は、それが大きければ大きいほど、それだけ有利に生産に使用されることができます。そこで、より小さい資本家はしだいにより大きな資本家に屈服せざるをえません。より小さい資本家はより大きい資本家に飲み込まれ、資本はますます集中し、生産はますます拡大する規模で行なわれ、生産過程そのものがたえまない変革をこうむり、ありとあらゆる生産部門がしだいに資本主義的に営まれるようになります。そして、これらすべてのことによって、生産性はたえず高められるのです。

ところが、資本の増大につれて、同時に、[3]資本のうちで生産手段に投下される部分、この不変的な価値部分〔すなわち不変資本〕はたえず増大し、労働力に投下される部分、この可変的な価値部分〔すなわち可変資本〕はたえず減少します。資本のこの二つの構成部分の量的な割合がこのようにたえず変化していくことの必然的な帰結は、社会的労働の生産性が増加していくのと同じ度合いで、労働者階級は同時に、自分自身の構成員のなかのたえず増加する人数を過剰にするための、解き離すための、いわゆる過剰人口に転化するための手段をつくりだして行くのだ、ということです。

＊　理論家たち　すぐあとにでてくる「経済学の教授連中」[134]やラサール[135]などを指しています。

＊＊　小経営　労働する人が、自分の所有している生産手段を使い、自分（とその家族）の労働力を働かせて生産を行なう経営で、生産物はその人のものとなります。経営が小規模なので「小経営」と呼ばれます。その基礎は「直接生産者による自分の労働手段にたいする所有」[148]です。農業では「独立の農民」[152]による小農民経営で、工業では独立手工業経営です。封建社会の末期には、封建的生産様式と並んで、このような小経営的生産様式が広範に存在していました。

1　資本の蓄積〔Kapitalanhäufung〕← 資本の積立〔Kapitalaufhäufung〕　2　資本の蓄積〔Kapitalanhäufung〕← 資本の積立〔Kapitalaufhäufung〕　3　資本のうちで ← 増大するもののうちで

これこそは、資本主義的生産様式に特有の人口法則です。じっさい、どの特殊的な歴史的生産様式にも、それぞれ歴史的に妥当する特殊的な人口法則があります。自然によって[1]決定される〔個体数〕増大の法則というものは、ただ動植物にとって存在するだけです。

しかし、資本蓄積が労働者を過剰にする一方、過剰人口はこれはまたこれで資本蓄積の一つのテコとなります。大工業はたえまのない変革のなかにあるのですから、またそれは、自分の与えられていた行動領域をしばしば突発的に拡大しなければならず、たえず新たな行動領域を征服していかなければならないのですから、それは、解き離された、すなわち多かれ少なかれ就業できないでいる、それが自由にできる労働者大衆を、無条件に必要とします。[2]つまり資本は、現役労働者だけでなく、資本がどんな瞬間にも生産にはいりこませることができ、また必要に応じてふたたび突き出すことができるような産業予備軍をも必要とするのです。この予備軍がつねに[3]同じ労働者たちからなっているのでないことはもちろんです。一時的に就業できない労働者のだれもが、その失業のあいだ、この予備軍の一員となっています。

つまり、現代産業の運動形態のすべてが、労働者人口の一部分が失業または半ば失業している「人手」にたえず転化することから生じてくるのです。この独自な資本主義的人口法則または過剰人口法則は、資本主義的生産の生活条件なのです。

すでに見ましたように、資本主義的生産様式と労働の生産力との発展——これは同時に資本蓄積の原因でもあれば結果でもあります——につれて、資本家は、個々の労働力の搾取を大きくすることによって、同額の可変資本の投下でより多くの労働を流動させることができるようになります。また、やはりすでに見ましたように、たえず増大する[4]比率で熟練労働力が不熟練労働力によって、成熟労働力が未成熟労働力によって、男子労働力が婦人労働力によって、成年労働力が児童労働力によって駆逐されていくので、資本家は、同じ資本価値でより多くの労働力を買うようになります。こうしたことの結果として、労働者の解き離しは、もともとそれが、資本蓄積の進展につれて加速される生産過程の技術的な[5]変革と、それに対応する、不変的な（生産手段に投下される）資本部分の増加および可変的な（労働力に投下される）資本部分の減少とによって引き起こされる速さよりも、もっと速く進んでいく、ということになります。

労働者の一部分は、平均的な時間以上に、平均以上に体力を支出して労働し、それによって過剰人口〔すなわち失業者〕を増加させますが、過剰人口は就業労働者たちに（競争を通じて）過剰労働を強制するのです！　この関係は、個々の資本家が富を成す強力な手段となり、また同時に、社会的な資本蓄積の進展に対応する規模での産業予備軍の生産を加速します。

だいたいにおいて、労賃の一般的な運動はもっぱら産業予備軍の膨張・収縮によって規制されてい

1　決定される ← 与えられる　2　〔: つまり :〕　3　同じ〔derselbe ← gleich〕　4　増大する〔größer ← größer werdend〕　5　技術的な ← 技術学的な

ます。産業予備軍の膨張・収縮は、中位の生産、繁栄、過剰生産、恐慌、停滞、中位の生産、等々という、[1]周期的な（一定の時間を経てたえず繰り返される）局面転換に対応していますが、この周期的な局面転換は、大工業の進展につれてその経過の速度を速めるのであって、それ自身がこれまた、不規則な、もっと小規模な[2]変動と交差します。

　ですから、労賃の騰落は、労働人口の総数によって規定されるのではなく、労働者階級が現役軍と予備軍とに分かれる比率の変動によって、過剰人口が雇用される規模の増減によって規定されるのです。

　じっさい、もしも[3]労働の需要供給が資本のそのときどきの価値増殖の欲求に応じて調整されるのではなくて、逆に、資本の運動が人口の絶対数に左右されるのだとしたら、現代の産業はにっちもさっちも行かないことになるでしょう。

　ところが、経済学の教授連中ときたら、事態をそのように思い描くのです。[4]彼らによれば、資本蓄積の結果、労賃は上昇し、[5]この賃金上昇はまた労働者人口のきわめて激しい増加を引き起こすので、資本蓄積はこの労働者人口の増加といつまでも一緒に進むことができず、[6]したがってついには多くの労働者が失業状態におかれることになり、労賃はふたたび低下する。反対に、労賃の低下は、[7]しだいに労働者人口を減少させて、その結果、労働への需要が労働の供給を上回ることになるか、あるいは[8]また、労賃の低下と、それと同時に生じる搾取の強化とが資本蓄積を加速する一方、労賃の低下によって労働者の増加が押さえられる。どちらの場合も、ついにはふたたび賃金の上昇をもたらすが、この上昇の結果がまたもやその低下を生み出す、と言うのです。

(この理論は見たところきわめて明快のように思われるので、たとえばラサール★などは、これにすっかり魅了されて、この理論の最も本質的なものを、「経済的賃金法則」と銘打《めいう》って、まったく特別

★ラサール　フェルディナント・ラサール(一八二五—一八六四年)　ドイツの小ブルジョア的社会主義者、労働運動の指導者で、一八六三年のドイツ労働総同盟の創立に重要な役割を演じ、その思想と行動はラサール主義としてドイツの労働運動に大きな影響を与えました。彼は、普通選挙権と国家信用による生産協同組合とによって労働者の救済を図ろうとし、労働組合の役割を低く評価しました。その実践的な帰結は、ビスマルクとの取引でした。彼の理論的主張の一つの柱は「賃金鉄則」と呼ばれるものです。それによれば、賃金の上昇は労働者の生殖に刺激を与えて労働者を増加させ、労働力の供給を増大させて結局賃金を押し下げることになるのだから、賃金は結局のところ生活必需品に局限されざるをえない、というのです。ここからは、賃金引き上げをめざす労働組合の闘いは無意味だという実践的帰結がでてきます。マルクスはこのラサール主義を、『ゴータ綱領批判』などできびしく批判しましたが、モストのこの書物の一つの特徴は、『資本論』では挙げられていないラサールの名をはっきりと挙げて、その「賃金鉄則」の誤りを鋭く批判している点です。

1　周期的な(一定の時間を経てたえず繰り返される)局面転換に対応していますが、この周期的な局面転換は、大工業の進展につれてその経過の速度を速める↑たえざる産業的変動(熱狂的生産—停止状態—熱狂的生産)に対応していますが、この産業的変動は、資本主義的生産の拡大が増進するにつれてその遂行の速度を速める　2　変動と〔von Schwankungen ↑ durch Schwankungen〕　3　労働↑労働力　4　彼ら↑この連中　5　この賃金上昇はまた労働者人口のきわめて激しい増加を引き起こす〔welche hinwiederum eine so starke Vermehrung der Arbeiterbevölkerung veranlaßt ↑ was zu so starker Vermehrung der Arbeiterbevölkerung führt〕　6　したがって〔daher〕↑それゆえ〔so daß〕　7　しだいに労働者人口を減少させて、その結果、労働への需要が労働の供給を上回る↑労働者人口の漸次的な大削減をもたらし、それによって資本が過剰になる　8　⁝また⁝

に心から労働者に勧める気になった[1]ものです。

これに反してマルクスは、もっと深いところをみています。マルクスは、事実上、資本主義に固有の人口法則を研究し叙述した最初の人です。いまだかつて、労働者の窮乏状態によって——そしてこれは、若干の地方ではまことに[2]容易ならないものとなって現われていますし、またしばしば何十年も続くのですが——、労賃の高騰が広がらざるをえないほどの労働人口の減少が生じたことなどありませんでした。人間は、完全に滅亡してしまうまえに、まさに信じられないほどのことに耐えることができるのです。どうか、織工地方にでかけて、悲惨きわまる窮乏状態にもかかわらず、見いだされるのがほとんどもっぱら大家族なのだということを、確かめていただきたい！ よくよくの場合には生活扶《ふ》助《じょ》が与えられるので、これが、生死の境にある、貧困者中の最貧困者を維持します。同じくまた、労働者の不足も賃金の上昇をもたらしはしません。労働者が不足しているそのときにこそ、まさにその結果として、労働手段の改良にたいする切実な要求が現われて、新たな機械が発明されるなど、要するに生産過程が変革されるので、現存の労働者でも間に合うようになるばかりか、むしろその一部は過剰になるのです。資本はいまだかつて、労働者が高賃金に誘《さそ》われてより急速に繁殖するようになり、そのためにおびただしい労働者人口がつくりだされて、賃金がふたたびしだいに下落しないではいないようになる、そのときまでじっと待っている、などというようなまだるっこいことには、かかずらわったことがないし、これからもかかずらわることはありません。資本は、より多くの労働者を必要とするときには、それをいますぐ必要としているのであって、一〇年さき二〇年さきになってはじめて必要とするのではないのです。〕★

就業労働者の数は、資本が増大するのと同じ比率で増大するのではありません。むしろ、大工業の進展につれて、その増大の比率はたえず減少していきます。資本の蓄積は、一方の側面からは、労働にたいする需要を増大させますが、同時に他方の側面からは、資本主義的生産様式の拡大とたえざる

★　以上の括弧のなかでの記述でモストが念頭においていたのは、明らかに、ラサールの『中央委員会への公開回答状』、チューリッヒ、一八六三年、一五―一六ページでの次の文言です。「こんにちの諸関係のもとで、すなわち労働の需要供給が支配するもとで、労賃を規定している鉄の経済法則はこうである、――平均労賃はつねに、生活と繁殖を続けるために、ある国民において慣習的に必要とされる生活維持費に限定されたままにとどまる。現実の日賃金はいつでもこの点を巡って振り子振動し、そこに引きつけられているのであって、長いことこれよりも上昇していたり下落していたりすることはできない。日賃金は継続的にこの平均以上に上昇することはできない、――というのは、もしそうなったら、労働者の状況が楽になり改善され、労働者の結婚と労働者の繁殖とが増加し、労働者人口が増加し、こうして人手の供給が増加して、これがふたたび日賃金を以前の水準にまで、またそれ以下にまで引き下げるであろうからである。〔改行〕労賃はまた、継続的にこの必要生活維持費をはなはだしく下回ることもできない。というのは、もしそうなったら、海外移住、未婚者の増加、出産の断念、そして結局は貧困によって生み出される労働者数の減少が生じ、こうして労働する人手の供給が減少して、そのために労賃はふたたび以前の水準にまで戻ることになる。〔改行〕こうして、現実の平均労賃は、いつでもそれが継続的に引き戻されていくそれの重心を巡って運動し続けているのである。……」〔MEGAの注解から〕

1　ものです。〈ですからまた、正統的なラサール主義者たちも、熱狂的にこれをもってまわります。彼らにあっては、ものを考えることは罪業であり、ラサールの言葉を盲目的に口まねすることが根本原則でして、つまるところ彼らはちんぷんかんぷんな立場をとっているのです。〉　2　容易ならない↑ひどい

発展とに刺激を与えることによって、「解き離された」労働者の供給とそれが就業者に加える圧迫とを増加させます。このような基礎[1]のうえで行なわれる需要供給の法則の運動は、資本の専制を完成します。

だからこそ、この法則と闘うために、あるいはこの法則のもろもろの結果を打ち破るか和らげるかするために、労働者たちがみずからを組織するやいなや、資本は猛《たけ》り狂って需要供給の「永遠かつ神聖な法則」の侵害について叫びたて、もろもろの強制法をつくるのです。（たとえば〔労働者の〕「契約違反」を罰する法律の立案のことを考えてみてください！）*

---

* 一八六九年六月二一日に、北ドイツ連邦についての営業規則が決められ、ドイツ帝国の創設ののち一八七一年および一八七二年には、南ドイツの諸邦にも効力をもつことになりました。労働者階級がそれとともに獲得した団結の自由をブルジョアジーは多くの集会や帝国議会への請願によって攻撃しました。彼らはとりわけ、ストライキは契約違反、つまり協定違反として、民法によってではなく刑法によって罰せられるべきだと主張しました。一八七三年六月にビスマルクは、労働者の契約違反と労働者および資本家のあいだの争いの調停とに関する営業規則の補足についての法律案を連邦議会に送付させました。『フォルクスシュタート』の一八七三年七月二日および四日付の第五三号および第五四号には、これについての論文「労働者階級に敵対する例外立法」が掲載されました。〔MEGAの注解から〕

1 基礎〔Basis（Grundlage）← Basis〕〔この（Grundlage）の挿入は、Basis という外来語の意味が Grundlage（基礎）であることを示そうとしたものでしょう。〕

資本主義的過剰人口★のさまざまの形態——大衆の窮乏——

過剰人口の生産はさまざまの形態で行なわれます。

大工業の多くの部門では、男子労働者が大量に使用されるのは、ある年齢までだけであって、それを過ぎても同じ生産部門にとどまって使用されうるのは、もはやそのうちの小部分だけであり、大多数はたえず放り出されます。この「過剰人口」の一部は移動していきます、つまり移動する資本にくっついていくのです。このことがもたらす結果の一つは、女子人口が男子人口よりも急速に増加するということです。

労働者の不足と過剰とが同時に存在できるという、一見すると矛盾にみえることも、資本主義的生産様式のもろもろの特性から説明されます。一方では、資本は成人男子労働者よりも相対的に多数の若年労働者を使用しますが、他方では、分業は労働者を特定の生産部門に縛《しば》りつけます。たとえば一

★ 過剰人口 『資本と労働』第二版では、「人口増大〔Volksvermehrung〕」となっていますが、内容から見て「過剰人口」と言うべきところなので、変更しました。

八六六年に、ロンドンでは八万人から九万人の労働者が失業していましたが、同じときに[1]工場地方では「人手」の不足が嘆かれていました。

資本は労働力を急速に[2]消費するので、労働者は中年になると、たいていはもうがたがきてしまって、過剰人口の隊列に落ち込むか、そうでなければいやいやながらも、これまでのより高級の労働の代わりに、より低級の（賃金のより安い）労働をしなければなりません。労働者世代が急速に交替して、その結果、早期の消耗にもかかわらずつねに新鮮な労働力が十分な量で存在していることは、資本の利益です。このことを達成するのは、大工業の労働者の生活状態の必然的な結果である早婚ですし、また、労働者の子どもたちが非常に早くから搾取されて「稼ぐ」のを助けることが、彼らの生殖に拍車をかけるか、あるいは少なくともそれを押しとどめることをしない、という事情です。

資本主義的生産が農業をとらえると、この領域で資本蓄積が進行するのに比例して、農村労働者人口にたいする需要が減少します。農耕が機械で行なわれるようになればなるほど、必要な労働者の数はもちろんそれだけ減少します。またここでは、工場制工業とは違って、解き離された人びとが、少なくとも部分的には、新たに生まれる工場でふたたび職にありつく、というようなわけにはいきません。[3]他方で、工場的に営まれる農耕がますます大きな部分を放牧地に転化します。だからこそ、農業労働者の一部分は、たえまなく農業から工業へと移動[4]しており、またこのようにして都市労働者の増加のたえず湧き出る一源泉となっているのです。

もちろんこのことは、農村に潜在的ではあるけれども恒常的な労働者の過剰が存在することを前提していますが、この過剰人口の全体的な大きさが目に見えるようになるのは、工業がときおり異常に多くの労働力を要求するときだけです。（農村労働者の過剰人口と、この人口の工業へのたえまない流入とは、さしあたりは、イギリスでだけとくに目だって観察できるのですが、しかし、資本主義的生産様式が普及するにつれて、しだいにいたるところで同じようなかたちで現われないではいません。）

停滞的過剰人口[5]は、ほんらい現役労働者軍の一部をなしていますが、それにもかかわらず、きわめて不規則にしか就業できない部分です。彼らの生活状態は勤労諸階級の平均的な生活状態以下に落ち込んでいますが、まさにこの事情こそが、彼らを資本特有の搾取諸部門の広大な基礎にするのです。ここには最長の労働時間と最低の賃金とが住みついています。わたしたちはすでに、いわゆる家内労働について述べたところで、この労働者種類のだいたいの様子を知りました。

そしてまさに労働者階級[6]のこの要素こそ、最も急速に増加するのです。どんなに奇妙に見えようと

1　工場地方では↑資本家の側では　2　消費〔Verbrauch↑Konsum〕　3　他方で、工場的に営まれる農耕が土地のますます大きな部分を放牧地に転化します↑なぜなら、耕地は非常に限られた規模でしか増加されえないからです　4　しており、またこのようにして都市労働者の増加のたえず湧き出る一源泉となっているのです↑します。ですから、労働者の増加のこの源泉はたえず湧き出ているのです　5　停滞的過剰人口↑恒常的に過剰な人びと　6　労働者階級のこの要素こそ、最も急速に増加する↑この要素こそ、最も急速に増加することによって、労働者階級の永遠化に本質的に寄与する

も、最低の労賃を受けとるような労働者部類が最も多人数の家族をもつ、というのが、なんとしても事実なのです。このことは、弱くていじめられることの多い動物種属の大量的な繁殖[1]を思い起こさせます。

過剰人口の沈澱部分となっているのは、まったくの窮乏、すなわち被救済民状態*です。浮浪者、犯罪者、売春婦など〔つまり「ルンペン・プロレタリアート」と呼ばれる人びと〕を別として、ここにはおもに三つの部類があります。第一に、労働能力のあるもの、すなわち、ときどき仕事をみつけることができるだけで、ときどきは生活保護を受けて暮らすような人びと、物乞いをしているような人びとです。第二に、孤児や貧児です。彼らは産業予備軍の正真正銘の候補者で、景気のいいときには大量に生産に動員されます。第三に、堕落した人びと、零落した人びと、労働不能者などです。これは、一部は、分業がもたらした〔労働能力の〕一面性[2]のために没落した人びと、一部は、労働者の並みの寿命を越えて生きている人びと、一部は、危険な機械、採鉱、化学工場等々とともにその数を増す、産業の犠牲者、すなわち身障者、罹病《りびょう》者、寡婦《かふ》などです。

これらの困窮[3]の生産ないし永遠化[4]は、過剰人口の生産に含まれていて、過剰人口の生産とともに、資本主義的生産と富の発展との一つの存在条件となっています。けれども資本はつねに、自分の搾取によって生産される困窮者たちの維持を、労働している人民の肩に転嫁《てんか》する術《すべ》を心得ています。

剰余価値の生産を説明したときに明らかになったように、労働[5]の社会的生産性を上昇させるためのすべての方法が、資本主義的な形態では、個々の労働者を犠牲にして発展するのであり、生産を豊かにするためのすべての手段が、生産者、労働者の支配と搾取との手段に転回するのであり、それらが、労働者を部分人間におとしめ、彼らを機械の付属物に引き下げ、労働の苦痛で労働の内容を破壊し、[6]生産的な力としての科学が労働過程に合体されるにつれて労働過程の精神的な[7]諸力を彼らから疎外し、彼らが労働するための諸条件をたえず不規則にし、[8]労働遂行のあいだじゅう彼らを狭量かつ陰険きわまる専制に服従させ、彼らの生活時間を労働時間に転化し、そして彼らの家族を資本のほしいままにさせます。しかし剰余価値の生産のためのすべての方法は同時に[9]資本蓄積の方法でもあり、また逆に、あらゆる[10]資本蓄積がそれらの方法の発展のための手段となるのです。

＊　被救済民状態　「救貧法」の適用を受けるなど、なんらかの救済に頼ってかろうじて生きている貧困者を「被救済民〔pauper〕」と言い、そのような貧困状態にあることを「被救済民状態〔pauperism〕」と言います。資本主義のもとでの過剰人口の最下層部分は、労働力の販売によって収入を得ることができないので、「救貧法」による救済に頼るか、さもなければ労働意欲を失って物乞い・犯罪・売春などによって生活するほかはありません。

1　繁殖〔Vermehrung → Reproduktion〕　2　一面性 → もろもろの一面性　3　これらの困窮〔Elend〕→ そのような窮乏〔Armuth〕　4　：ないし永遠化：　5　労働 → 労働力〔『資本論』では第一版でも第二版でも「労働」となっています。〕　6　生産的な力〔Macht〕→ 自立的な力能〔Potenz〕〔『資本論』では第一版でも第二版でも「諸力能〔Potenzen〕」となっています。〕　7　諸力〔Mächte〕→ 諸力能〔Potenzen〕〔『資本論』では第一版でも第二版でも「諸力能〔Potenzen〕」となっています。〕　8　労働遂行 → 労働過程〔『資本論』では第一版でも第二版でも「労働過程」となっています。〕　9　資本蓄積〔Kapitalanhäufung〕→ 資本拡大〔Kapitalausdehnung〕　10　資本蓄積〔Kapitalanhäufung〕→ 資本拡大〔Kapitalausdehnung〕

ですから、資本が蓄積されるのにつれて、労働者の状態は、彼らの受ける支払がどうであろうと（つまり外見上はある種の改善が生じるように見えるときにも）悪化せざるをえない、ということになります。最後に、産業予備軍を蓄積の大きさおよびエネルギーとたえず均衡させておく法則は（ギリシアの伝説で）ヘパイストス*のくさびがプロメテウス**を岩に釘づけにしたのよりももっと固く、労働者を資本に釘づけにします。それは、資本の蓄積に対応する、困窮の蓄積を必然的にします。だから、一方の極での資本の蓄積は、同時に反対の極での、すなわち自分の生産物を資本として生産する、まさにこの階級の側での、困窮、労働苦、奴隷状態、無知、粗暴、道徳的堕落《だらく》の蓄積なのです。

（大衆的な普及をめざすこの小冊子の限られた紙面では、残念ながら、マルクスの著作に含まれている多くの統計的材料その他の事実材料を再録することができません。けれども、搾取者の富がどのように増大しつつあるか、またそれと同時に労働者がどのようにますます深く隷属、苦難、困窮の淵《ふち》に沈みつつあるかを、自分の目で熟視[1]するのは、労働者のだれにとってもわけのないことでしょう。）

* ヘパイストス　ギリシアの火と鍛冶の神で、オリンポスの神々の宮殿のすべてを作りました。

** プロメテウス　ギリシア神話のなかの英雄。ゼウスに隠れて、ヘパイストスの鍛冶《かじ》場から火を盗み、それを人間に与えたために、ゼウスによって、ヘパイストスが鍛えた鎖でカウカソス山の岩に縛りつけられ、ヘラクレスがその鎖を断ち切るまで、大鷲に毎日、肝をついばまれ続けました。↓ヘラクレス［113］

1　熟視する←観察する

どのようにして貨幣が資本に転化され、資本によって剰余価値がつくられ、またどのようにして剰余価値によって資本がつくられるかは、これまでに見てきたとおりです。けれども、資本蓄積は剰余価値を前提しますし、剰余価値は資本主義的生産様式を前提しますが、資本主義的生産様式はまた、商品生産者たちの手のなかにかなり大量の資本があることを前提します。ですから、こうした過程の全体が、資本主義的生産様式の結果ではなくてそれの出発点であるような資本蓄積、言い換えれば本源的な資本集積があったことを示しているのです。

ブルジョア[1]経済学者はいつでも気楽なものです。彼らのお手《て》軽《がる》な説明によれば、むかしむかし、少数の勤勉な人びとがいて、彼らは自分の労働によってしだいに富を手に入れていったのにたいして、残りの人びとは怠け者であったので、まもなく厳しい窮乏に落ち込み、そのためにもはや自分の労働力以外にはなにひとつもたなくなり、ついに彼らは、生きていくために自分の労働力を売らなければ

1 ブルジョア←古典派

ならなくなった、こうして彼らは従属関係に陥《おちい》った、そしてこの関係がこんにちまで受け継がれてきたのだ、と言うのです。よく知られているように歴史では、征服、圧政、強盗殺人が、要するに強力が決定的な影響を与えてきたのに、経済的発展にかかわることだけは、そのいっさいが、まるでまったく牧歌的に生起してきたかのようですね。

　読者の皆さんは、資本主義的生産様式の前提諸条件をすでによくご存知です。皆さんがすでにご存知のように、一方には生産手段の所持者が、他方には労働力の所持者がいて、どちらも自分のものを自由に処分できるのでなければなりません。さらに皆さんがご存知のように、労働力の所持者は、人身的にだれにも属していないという意味で自由であるばかりでなく、労働力以外のあらゆる所有物から自由でなければ〔すなわちそれらから切り離されているのでなければ〕なりません。なぜなら、そうでないのだとしたら彼らが自分の労働力を[1]自由意思で売ることを強制されないはずだからです。最後に、この関係がどのように再生産されるか、ということも、皆さんはすでにご存知です。このような関係を生み出すのは、生産手段から労働者を分離させること以外にはありえません。ですから、こ[2]の分離を成し遂げることこそが「本源的」な資本形成なのです。それは全一連の歴史的過程を、それも一方では、労働する人びとそのものを第三者の所有物とするような諸関係〔つまり奴隷制的な関係や封建的な関係〕が解体する過程、他方では、直接生産者*による自分の労働手段の所有が解体する過程、という二つの歴史的過程を含むのです。

この分離過程は現代のブルジョア社会の発展史の全体を包括します。この発展史は、歴史家が封建[3]的強制からの労働する人びとの解放〔すなわちいわゆる「農民解放」〕だけでなくて封建的搾取様式の現代的な搾取様式への変転をも[4]叙述しようとするときには、[5]事柄をおのずから説明することになるはずのものです。この発展の出発点は労働する人びとの隷属であり、この発展の前進は、この隷属の形態変化にありました。

資本主義的生産様式は、すでに一四世紀と一五世紀に、一時的に地中海沿岸諸国にその足跡を記していましたが、その時代が始まるのは、やはりやっと一六世紀になってからのことです。資本主義時代が開花するところでは、農奴制の廃止はとっくに完了していて、[6]中世都市はすでにその没落の段階にはいっていました。

生産手段からの労働力の分離過程の歴史のなかで画期的なものと言えば、人間の大群が、突然に、

＊**直接生産者**　自分自身の労働によって生産物を生産する生産者。奴隷制の社会では奴隷、封建社会では農奴・隷農、資本主義社会では賃労働者が直接生産者です。小経営〔131〕では、直接生産者が同時に生産手段の所有者です。資本主義的生産では、商品の生産者は、直接生産者である賃労働者ではなくて、賃労働者から買った労働力を使って生産を行なう資本家です。

1　自由意思で売ることを強制されない↑売る気にならない　2　この分離を成し遂げることこそが「本源的」な資本形成なのです↑この分離を成し遂げることに資本の「本源的」な蓄積は負っているのです　3　：封建的強制からの：　4　叙述しようとするときには↑叙述しようとすれば　5　事柄を〈まったく〉　6　中世〔mittelalterlich↑mittelalterig〕

しかも強力的に、彼らの生活維持手段と生産手段とから引き離されて、無保護なプロレタリア*として労働市場に投げ出される瞬間です。[1]労働する人びとによる土地所有の強力的な絶滅が過程全体の基礎となっています。この過程は、国が違えば違った形態で行なわれました。わたしたちはイギリスを例にとりますが、その理由は、ここではこの過程が最もはっきりと目に見えるように行なわれたからです。

　イギリスでは一四世紀の終りごろには農奴制は消滅していました。住民の大部分が農耕に従事していて、ほとんどが自営の農民で、わずかの数だけが賃労働者でしたが、この賃労働者も、[2]同時に何モルゲン**かの土地を自家耕作のために保有しており、共同地の用益権をもっていました。農民たちは封建領主にたいして、[3]もはや、臣従関係にあるだけでした。

　王権が絶対権力を握った一五世紀の終りと一六世紀初頭には、王権は封建家臣団の解散を命じ、これによってたくさんの人間が労働市場に投げ出されました。しかしこれは、変革の小さな序曲にすぎませんでした。封建領主たちはその後まもなく、農民を土地から追い出すこと、また共同地を自分のものにすること、あるいは勝手に土地を横領することによって、はるかに多くのプロレタリアをつくりだしたのです。

　当時フランドルの羊毛マニュファクチュアが繁栄して羊毛価格の上昇をもたらしたので、封建領主たちは広大な耕地を放牧地に変えました。数え切れないほどの農家が崩壊し、あるいは取り払われましたが、牧羊は栄えました。

労働者階級はこのようにして、過渡期も経ないで、黄金の時代から鉄の時代に転落させられました。

立法はたしかにこの変革によってもたらされた帰結に肝をつぶしましたが、しかしそれが採用した対策は、効果もなければ目的[4]に合ってもいませんでした。

宗教改革の時代には、教会領も横領され、そこの領民は追い出され、あるいはプロレタリアートのなかに投げ出されました。オレンジ公ウィリアム三世***の支配とともに、資本家的利殖者たちも支配者の地位につきました。彼らの支配は、これまでは控え目にしか行なわれていなかった国有地の横領を

---

* 無保護なプロレタリア 「無保護な」の原語は vogelfrei（Vogel は「鳥」、frei は「自由な」を意味します）ですが、この語が「プロレタリア」に冠されるときには、それは、しばしば誤解されているのとは違って、「鳥のように自由な」という意味ではありません。そうではなくて、「法的な保護がまったくない」という意味で、鳥が襲いかかるのにも自由にさせる、だれのどんな攻撃にもさらされている、というところからきたものです。↓プロレタリア、プロレタリアート [29]

** モルゲン ドイツの古い、耕地面積の単位。当時の一プロイセン・モルゲンは約〇・六三エーカーです。

*** オレンジ公ウィリアム三世（一六五〇―一七〇二年） イギリスのステューアト朝の王（在位一六八九―一七〇二年）。オランダ統領でしたが、名誉革命のさいにイギリスに迎えられ、妻メアリとともに即位し、イギリスの議会政治と政党内閣の基礎をつくりました。『資本論』では、「「名誉革命」は、オレンジ公ウィリアム三世とともに、地主的利殖者や資本家的利殖者たちをも支配者の地位につけた」と書かれています。

1 労働する人びとによる土地所有の強力的な絶滅 ↑ 土地からの労働者の分離 2 同時に何モルゲンかの土地を自家耕作のために保有しており ↑ 通例はまた 3 ∵もはや、∴ 4 目的に合ってもいませんでした ↑ 無意味でした

巨大な規模で行なうことから始められました。ついには、共同地をも[1]盗賊的な地主に与えることを法律によって認めるまでにいたりました。つまり、これらの法律をでっちあげた地主たちは人民所有地を自分自身に贈与したのです。

独立の農民に代わって、[2]少数の大借地農業者と、それと並んで多数の、従属した隷属《れいぞく》的小借地農業者とが現われました。組織的に行なわれた土地横領は、地主のために、大規模農場を創造しましたが、それは同時に工業のために、農村民をプロレタリアートとして「解放」しました。この解放は、土地盗奪と歩調を合わせて小経営から大経営への農業の改造が進むことが決定的になればなるほど、それだけ急速に進行しました。農村住民をひとまとめにして追い払うとき、それはなんと「清掃する」と呼ばれたのです。一八世紀には、このようにして追い出された人びとを強力的に工業に駆り立てるために、彼らがほかの国々に移住することさえも禁止されました。

こういうわけで、教会領（もちろんこれはもともと欺瞞《ぎまん》やぺてんによって入手されたものでしたが）の盗奪、国有地のだまし取り、共同地の横領、封建的所有の近代的な[3]私的所有への転化は、これらと結びついた農村民の追い出しとともども、本源的な資本形成の高貴な方法にほかなりませんでした。これらの方法によって、資本主義的農業のための耕地が獲得され、土地が資本に合体され、都市工業のために、それが必要とする無保護なプロレタリアの供給がつくりだされたのです。

封建家臣団の解体によって、また土地盗奪によって、郷土《きょうど》から追い払われた人びと、この無保護なプロレタリアートは、それが生まれてくるのと同じ速さでは、新たに起こってくるマニュファクチュアによって使用されることができませんでした。他方、自分たちの慣れ親しんだ生活状態からとつぜん投げ出された人びとは、にわかに新しい状態の規律に慣れることもできませんでした。彼らは群れをなして物乞いとなり、盗賊となり、浮浪人などになりました。――こういうわけで、一五世紀の終りと一六世紀の全体とをつうじて、西ヨーロッパ全体にわたって浮浪にたいする血の立法が存在したのです。土地から追い出された人びとは、「労働忌避《きひ》」などのかどで焼き印を押され、鞭打たれ、拷問にかけられ、奴隷にされ、いなそれどころか死刑に処せられさえしました。ところが、土地盗奪者のほうは、「尊敬すべき人びと」になりあがっていたのです！

一方の極に労働に必要な諸条件が資本として現われ[4]、他方の極に自分の労働力のほかには売るものがないという人間が現われる[5]、ということだけでは、まだ十分ではありません。このような人間が「自由意思」で自分を売らざるをえないようにすることだけでもまだ十分ではありません。資本主義的生産が進むにつれて、生まれ落ちたときからずっと自分の従属関係になじんだ労働者階級が発展してきます。資本の組織はいっさいの反抗をくじき、過剰人口の不断の生産は労賃を最大可能な低水準

---

1 …も… 2 …少数の大借地農業者と、それと並んで多数の、…従属した隷属的小借地農業者…と…が 3 私的所有←国有〔マルクスが見逃した誤植であることは確実です。『資本論』のすべての版で「私的所有」となっています。〕 4 現われ〔auftreten ← treten〕 5 現われる〔auftreten ← treten〕

に押[1]さえます。このように、労働者にたいする資本家の支配は、資本主義的生産の「自然法則」によって維持されるのです。この生産の発生のときはそう[2]ではありませんでした。台頭《たいとう》しつつあったブルジョアジーは、労賃を〔資本語で言えば〕「調節する」、すなわちできるだけ低く決めるために、労働日を延長するために、労働者そのものを服[3]従状態に押しとどめるために、国家権力を必要とし、また利用します。このこともまた、いわゆる本源的な資本形成にあたって一つの主役を演じるのです。

一四世紀や一五世紀には、賃労働者はまだそんなに多数ではなかったし、雇い主たちと社会的にかなり近い地位にありました。けれども、賃労働に関する立法は、つねに労働者に敵対的で、彼らの搾取をねらったものでした。

労働日の強力的な延長についてはすでにまえに述べましたので、ここで言わなければならないのは、資本主義的生産の最初の時期には労賃もまた法律で「規制」された、ということだけです。つまり、最高の賃率が確定され、それよりも多くを支払ったり受けとったりした者はだれでも重刑に処せられることになっていましたが、それよりも少なく支払ったり受けとったりすることは勝手にできました。そして、労働者の団結は、イギリスでは一四世紀から一八二五年まで重罪として取り扱われていたのです！

わたしたちは、無保護なプロレタリアの強力的な創出、彼らを賃労働者に転化させる流血的な訓練、労働の搾取度とともに資本の蓄積を警察の力によって促進する汚らしい政治的猿芝居、こうしたことを見てきました。そこで次に問題になるのは、資本家は最初にどこから出てきたのか、ということです。というのも、土地盗奪は、直接にはただ、大土地所有者をつくりだすだけだからです。

　農民に代わって登場した借地農業者は、たいてい、まったくの文《もん》なしでしたから、彼らに地主が、種子、家畜、農具を前貸し、その代わりに土地収益の一定部分を要求しました。借地農業者が賃労働者の搾取と、地主たちによって盗奪された共同放牧地の利用とによって、経営資本を自分で調達できるようになると、このような分益《ぶんえき》制度は、契約によって固定された地代にとって代わられました。さまざまの好都合な事情が、この新たな種類の借地農業者にしだいに金をためこむことを可能にさせました。たとえば、一六世紀にはまだ普通のことだった九九年にわたる借地契約、同じ時期に生じた貴金属の価値減少、それと結びついた農産物の価格高騰、労賃の低下などがそうです。最後に大工業が、機械[4]で資本主義的農業に確固とした基礎を提供し、また[5]〔農村工業を破壊して〕農業の工業からの完全な分離を成し遂げます。借地農業者の一部[6]は「資本家借地農業者」に、他の一部[7]はプロレタリアに転化[8]します。

　産業資本家の発生の進行はそんなにゆっくりしたものではありませんでした。疑いもなく、かなり

1　押さえます↑維持します　2　そうではありませんでした〔anders↑anders verhält es sich〕　3　服従状態↑一様な従属度　4　⁝機械で⁝　5　また〈同時に〉　6　借地農業者の一部↑若干の借地農業者　7　他の一部↑他の多く　8　転化します↑なります

の数の同職組合小親方、独立手工業者、あるいは賃労働者が小資本家になりました。小資本家たちは、賃労働者を精力的に搾取して自分たちの資本を増大させ、最後には言葉の真の意味での資本家になりました。[1]中世都市の幼年期には、逃亡農奴のなかのだれが主人になり、だれが下僕《げぼく》になるかは、たいていは彼らの逃亡の時日が早いか遅いかによって決まりましたが、資本主義的生産の幼年期にもしばしばこれと同じことが見られました。しかしながら、こういう方法での蝸牛《かぎゅう》の歩みは、一五世紀の終りに〔地理上の〕発見がつくりだした新たな世界市場の商業上の要求に応じるものではけっしてありませんでした。けれども、中世はすでに、二つの違った資本形態を伝えていました。すなわち、[2]わたしたちが歴史として知っているほとんどあらゆる社会に[3]存在していた二つの形態、高利貸資本および商人資本がそれです。

高利貸と商業とによって、つまりあらゆる種類の詐欺的行為によって形成された貨幣資本は、農村では封建制度によって、都市では同職組合制度によって、産業資本に転化することを妨げられていました。これらの制度は、封建家臣団が解体され、農村民が土地を収奪★されてその一部が追い出され、[4]同職組合的な都市が没落するのにつれて、なくなっていきました。そして、輸出港に、また同職組合員たちが無力であった[5]農村部で、マニュファクチュアが設立されていきました。

アメリカの金銀産地の発見、そこの原住民の掃滅《そうめつ》と奴隷化など、東インドの征服と略奪、アフリカの商業的黒人狩猟場への転化、――これらは、資本主義的生産の時代の曙光《しょこう》を特徴づけるものです。

清廉潔白《せいれんけっぱく》なこれらのできごとが本源的な資本づくりのために本質的に寄与しました。これに続いて全地球を舞台とするヨーロッパ諸国の商業戦が始まります。本源的な資本づくりのもろもろの方法[6]は、多かれ少なかれ歴史的な[7]順序をなして、ことにスペイン、ポルトガル、オランダ、フランス、イギリスのあいだに分けられます。イギリスでは、これらの方法が一七世紀末に、植民制度、国債制度、現代的な租税制度、保護貿易制度として、体系的に総括されます。こうした方法の一部は、たとえば植民制度のように、残虐《ざんぎゃく》きわまる強力によって行なわれますが、しかしどの方法も、国家権力、すなわち社会の集中され組織された強力を利用して、封建的生産様式から資本主義的生産様式への転化[8]を温室的に促進し、過渡期を短縮しようとするものです。古い社会が新しい社会を身ごもったときにはいつでも、強力が古い社会の助産婦になるのです。

植民制度は、商業や航海を成熟させ、生まれてくるマニュファクチュアに販売市場を、そしてまた高い商品価格を保証しました。ヨーロッパのそとで直接に略奪や奴隷化や強盗殺人によって得られた財宝は、本国に流れ込んで、そこで資本に転化しました。

国債と同時に国際的信用制度が発生しましたが、それはしばしば、ある特定の国での本源的な資本

＊ 収奪 →収奪 [161]
1 中世〔mittelalterlich ← mittelalterig〕 2 ⁝わたしたちが歴史として知っている⁝ 3 存在していた←存在する 4 ⁝、同職組合的な都市が没落す⁝ 5 農村部で、〈新たな〉マニュファクチュア 6 本源的な資本づくりのもろもろの方法←本源的な資本づくりのこれらの方法 7 歴史的な←暫時的な〔zeitweilig〕 8 転化〈過程〉を

生成の源泉を覆い隠しています。たとえば、ヴェネツィアの略奪制度のもろもろの卑劣《ひれつ》行為は、滅《ほろ》び行くヴェネツィアから巨額の貨幣を借りていたオランダ資本の豊かさの隠れた基礎になっていました。同じ関係は、[1]一八世紀のオランダとイギリスのあいだにもあり、そして[2]いまは、イギリスと北アメリカ合衆国とのあいだにあります。

きょう出生証明書をもたずに合衆国で現われる多くの資本は、やっと、きのうイギリスで資本化されたばかりの子どもの血なのです。

保護貿易制度は、製造業者を製造し、独立して労働する人びとの所有物を奪い、国民の生産手段と生活手段とを資本化し、古風な生産様式から現代の生産様式への移行を強力的に短縮するための、人工的な手段でした。ヨーロッパ大陸では、産業家たちの本源的な資本の一部は、じかに国庫から流れ出てきたものです。ミラボー*は、「七年戦争のまえのザクセンの工業繁栄の原因を、なぜそんなに遠くに求めようとするのか？　それは一億八〇〇〇万の国債なのだ！」と叫んでいます。

植民制度、国債、重税、保護貿易、商業戦争など、本来のマニュファクチュア時代に生まれたこれらの若芽《わかめ》は、大工業の幼年期には巨木に成長します。大工業の誕生は大がかりなヘロデ王**的児童略奪によって祝福されます。救貧院や孤児院の子どもたちがまとめて[3]工場主に売り飛ばされて、半ばは、昼も夜も長時間の労働によって死ぬまでこき使われ、半ばは、飢えで衰弱させられました。資本主義的生産様式が発展するにつれて、しだいに世論の羞恥心《しゅうちしん》のいっさいが失われていきました。資本増大をもたらすべてのものが、だからまた忌まわしい黒人貿易でさえも、称賛されました。

ヨーロッパでの児童奴隷制の導入とときを同じくして、合衆国では黒人奴隷制が一段とさかんになりました。なぜなら、イギリスの木綿工場の高揚が棉花生産の増加を必要としたからです。

生産手段からの労働者の分離を成し遂げて、一方では社会的な生産手段および生活手段を資本に転化させ、他方では民衆を無所有の賃金奴隷（「自由な労働者」）に転化させること、これは現代史がつくりだした芸術的な作品です。

貨幣が、オジエ＊＊＊の言うように「頬《ほお》に血のあざをつけてこの世に生まれてくる」とすれば、資本は、頭から爪先まで毛穴という毛穴から血と汚物とをしたたらせながら生まれてくるのです。

＊　ミラボー　オノレ・ガブリエル・ヴィクトール・リクティ・ミラボー（一七四九―一七九一年）　フランス革命の雄弁な政治家。国民議会で支配的な地主ブルジョアジーとブルジョア化した貴族との立場を代表しました。引用されているこの文章は彼の『プロイセン王国論』第六巻（ロンドン、一七八八年）からのものです。なお、重農主義者のミラボーは彼の父です。

＊＊　ヘロデ王（紀元前七三年頃―紀元前四年）　ヘロデス。ユダヤ人の王（在位紀元前三七―紀元前四年）。新約聖書「マタイ伝」第二章には、幼な子イエスを殺すために、イエスが潜んでいると考えられたベツレヘムとその周辺の地方の二歳以下の幼児を皆殺《みなごろ》しにさせた、と書かれています。「大工業の誕生は大がかりなヘロデ王的児童略奪によって祝福されます」というのは、大工業がその初期に、大量の児童労働を吸収し、児童を消耗品のように酷使した事実を指しています。マルクスは『資本論』のほかのところで、「資本は工場制度の初期に、救貧院や孤児院で大がかりなヘロデ王的児童略奪をやって、まったく無意志な人間材料をわがものにしました」と書いています。

＊＊＊　オジエ　マリ・オジエ　一九世紀中葉のフランスのジャーナリストで金融に関する著作を書きました。「頬に血のあざをつけてこの世に生まれてくる」という文章は、彼の著書『公信用について』（パリ、一八四二年）からのものです。

では、本源的な資本づくりとはどういうことに帰着するのでしょうか？　それが奴隷や農奴から賃労働者への直接の転化でないかぎり、つまりたんなる形態変換でないかぎり、それが意味するものは、自分の労働にもとづく私的所有の解体にほかなりません。

1　一八世紀のオランダとイギリス ↑ イギリスとオランダ　2　⁝いまは⁝　3　⁝工場主に⁝　4　忌まわしい黒人貿易でさえも ↑ たとえ卑劣きわまりないものであっても　5　ヨーロッパ ↑ イギリス　6　なぜなら、イギリスの木綿工場の高揚が綿花生産の増加を必要としたからです ↑ というのは、穏和な形態では奴隷制を存続させることができなかったからであり、他方で賃金奴隷制はますます堅固に打ち立てられたからです自分の生産手段にたいする労働する人びとの私的所有は小経営の基礎であり、社会的生産と労働する人びと自身の自由な個性との発展のための条件です。しかし時とともに、小経営は、それ自身がもたらした生産発展の邪魔になります。それは大工業によってとって代わられなければなりません。大工業は分散的な生産手段を用いることができません。反対に生産手段の集積を必要としますし、だからまたそのような集積を引き起こします。多数者の矮小《わいしょう》所有は少数者の手のなかに、しかもあらゆる強力的な手段がまったく容赦なく用いられるなかで移って行きます。

この転化の過程がある程度まで成し遂げられると、そこで、私的所有者の収奪★の新たな形態が始まります。この収奪は資本主義的生産そのものの諸法則によって行なわれます。一人の資本家がそれぞ

★ **収奪**　ふつう「収奪」と訳される英語の expropriation やドイツ語の Expropriation または Enteignung の原義は、「所有を取り上げる」という意味で、取り上げる方法は問いません。力ずくの場合（資本の本源的蓄積での農民からの土地の横奪）も、競争で勝つ場合（たとえば大資本による小資本の併合）も、貨幣で買い上げる場合（たとえば国による私有地の収用）も含む広い概念です。

れ多くの資本家を打ち倒します。多数の小資本家に代わって、ますます少数になっていく大資本家が現われます。

同時に、困窮、抑圧、隷属《れいぞく》、萎縮《いしゅく》、搾取はますます増大して行きますが、しかしまた、たえず膨張しながら資本主義的生産過程そのものの機構によって訓練され結合され組織される労働者階級の反抗も増大して行きます。

資本の特権[1]は、それとともに開花しそれのもとで開花したこの生産様式の手かせ足かせとなります。生産手段の集積も労働の社会化も、それがその資本主義的な外皮《がいひ》とは調和できなくなる一点に到達します。そこで外皮は打ち破られます。資本主義的私的所有の最期を告げる鐘が鳴ります。他人の所有の取得者[2]が収奪されます。

こうして個人的所有がふたたびつくりだされますが、しかしそれは、現代の生産様式の成果を基礎にして行なわれます。土地と、労働そのものによって生産される生産手段とを共同占有する自由な労働する人びとのアソシエーション*が生まれます。

分散的な所有の資本主義的所有への転化は、非常に長期にわたるものです。なぜなら、この場合に肝心なことは、少数の権力者による民衆の所有の取得だからです。資本主義的所有の社会的所有への変転はもっと急速に成し遂げられます。なぜなら、この場合に肝心なことは、民衆による少数の権力者（鉄道王たち、木綿貴族たち、その他の実業界のボスたち、ならびにまた土地僭主たち）の排除だけだからです。

*　*　*

★ **アソシエーション**　ここでの原語は Vereinigung です。『資本論』第一巻では Verein とも言っています。いずれも、マルクスが「アソシエーション〔Assoziation〕」と呼んでいたものに対応するドイツ語ですので、ここでは「アソシエーション」としておきました。マルクスは一八四八年に『共産党宣言』で、資本主義社会が生み出す新しい社会を、「そこでは各人の自由な発展が万人の自由な発展のための条件であるようなアソシエーション」と呼びました。それ以後、彼は、この未来社会を呼ぶのに、きわめてしばしば「アソシエーション」という語を使いました。さまざまの論者によって繰り返して使われていたこのありふれた語を彼があえて好んで使ったのは、この語の、「人びとがたがいに主体的、能動的、意識的に結びつくことによって形成されたもの」という含意こそ新社会を最もよく特徴づけるもの、と感じていたからでしょう。アソシエーションを形成するのは、アソシエートした自由な労働する諸個人です。かつて「生産手段にたいする労働する人びとの私的所有」の形態で存在した、「労働する人びとの自由な個性の発展のための条件」である彼らの所有すなわち「個人的所有」は、資本主義的私的所有によって廃棄されましたが、こんどはこの資本主義的私的所有を廃棄することによって成立するアソシエーションのもとで、アソシエートした諸個人による所有という形態で「個人的所有がふたたびつくりだされる」のです。→国際労働者協会 [167]

1　特権→独占　2　取得者が収奪されます→取得者から彼らの所有が剥奪されます

読者の皆さんには、『資本論』からの抜粋によってこれまでお伝えしてきたマルクスの論述を読まれて、資本主義的生産様式はもともと歴史のなかの一つの過渡形態にすぎないということ、それはそれ自身の機構によって、もっと高度な生産様式に、協働組合的な生産様式[*]に、社会主義[**]に行きつかないではいないのだ、ということがすでにおわかりになっていることでしょう。

それでも、すぐに次の問題に思いを寄せられるでありましょう。心に思い描かれるこの高邁《こうまい》な帰結は、つまるところ、どのような仕方で実現されるのだろうか？　そうです、たしかに資本主義的生産は、発展し続けていくことによって、いわば駆け足でそこに向かって突き進んで行くでしょうが、しかし、熟した果実がひとりでに人類の手のなかにころがり込んでくることはないでしょう。それどころか、それはそれが熟した時期に摘み取られなければならないでしょう。

社会が選びとるのが、資本主義的所有の漸次的な交替なのだろうか、それとも一撃で資本を除去することなのだろうかということ、あるいはさらにまた、どのようにしてこの変革がしっかりと成し遂げられ、新たな文化の時代の開幕が迎えられるのだろうかということ、――このことはまさにこれから明らかになっていくでしょうし、またそれは、いまは予測できないようなもろもろの事情にかかっています。

けれども確実なことは、人民は、その社会的な新生を実行に移すまえに、かならず、政治権力を完全に掌握していなければならないということです。

それにまたこの権力掌握は、万人が自由な投票権、選挙権をもつということだけでいいはずがありません。というのも、「一般選挙権にもとづく自由な国家」の「自由」なるものは、ボナパルティスト***の手先やプロイセン政府****の手先が、だまされやすいお人好しをつかまえるために撒《ま》き散らすおとり

---

* **協働組合的な生産様式**　モストが第一版で「社会的な〔gesellschaftlich〕生産様式」としていたところをマルクスは「協働組合的な〔genossenschaftlich〕生産様式」に変更しました。マルクスが「協働組合」という語で考えていたのは、主として、一九世紀の中葉にイギリスで見られた生産協同組合の試みのように、労働者自身が協働して経営する工場のことです。ですから、「協働組合的な生産様式」というのは、自由な諸個人が自覚的にアソシエートして社会的生産を協働的に運営するような生産様式という意味です。『資本論』第三巻ではこれを、「アソシエートした労働の生産様式」またこれを簡略化して「アソシエートした生産様式」とも呼んでいます。この生産様式はアソシエーションの土台をなすものです。→生産様式[27]、アソシエーション[163]

** **社会主義**　この語は、一方では、協働組合的な生産様式を土台とする社会、すなわちアソシエーション〈社会主義社会または共産主義社会〉を指します。「資本主義が社会主義または共産主義の萌芽を自分のなかに秘めている」[28・30]と言うときの「社会主義」はこの意味です。この語は、他方では、このような社会主義社会をめざす思想と運動を指します。「『資本論』が出版されて、現代の社会主義は確固とした基礎を手に入れました」[28]と言うときの「社会主義」はこの意味です。→科学的社会主義[29]、生産様式[27]、アソシエーション[163]

*** **ボナパルティスト**　もともとは〈ルイ・ナポレオン・ボナパルトの支持派〉のことでした。ボナパルトは、一八五一年にクーデターによって、一八四八年の二月革命で成立したフランス第二共和制をくつがえし、帝位につきました。彼は、ブルジョア階級が統治能力を失っているのにプロレタリア階級がそれをつかみとることができずにいるすきをつき、小農民層を社会的基盤にして国家機構を握ったのでした。この帝政は、どちらの階級にたいしても保護者としての装いをとりながら、じっさいには、ブルジョア的秩序の維持をめざす、専制的な支配権力でした。こうした背景をもつこの語が、ここでは、〈階級対立の調停者のようにふるまいながら政治権力を握ろうとする政治屋たち〉といったほどの意味で使われています。

**** **プロイセン政府**　モストが本書の第一版を書いた一八七四年には、すでにドイツ帝国が成立していて、プロイセン〔プ

の餌《えさ》にすぎないからです。*そうではなくて、人民が支配されている状態に代わって、人民の自治が現われるのでなければなりません。[2]

そして人民は、こんにちの社会の内的な本質を早く認識すればするほど、また達成すべき目標をしっかりと見据《みす》えれば見据えるほど、それだけ早くそのような政治権力を獲得することになるでありましょう。

こんにちの社会は、いずれ倒れて、もっと高度な、もっと高潔《こうけつ》な社会に席を譲らないではいないのだ、という確信、そして勤労諸階級こそ、政治権力という強大なテコによって現在の社会構造を根本的に変革する資格をもっているのだ、という確信、このような確信をもったひとであればだれでも、次のこと以外に、どんな生涯の使命をももつ必要がないし、もつこともできません。すなわち、自分の信念をほかの人びとにも伝え、たえまなく太鼓を叩き続け、人類をあまねく兄弟にすることのシンボルである赤旗のまわりに社会革命の闘い手たちをつぎつぎに連れてきて、達成しようとする理想をめざす燃え上がるような熱狂を彼らの心に移植する、ということです。

工場でも作業場でも、屋根裏部屋でも地下の住居でも、食堂でも散歩のときでも、つまりは労働者のいるすべてのところで、宣伝が行なわれなければなりませんし、都市から農村へと認識が広められていかなければなりません。作業着を着たプロレタリアは、さまざまの種類の、スーツを着た自分の兄弟たちの目を開かせなければなりません。男たちは自分の妻たちに［女たちは自分の夫たちに］、親たちは自分の子どもたちに、この意味での啓発をしなければなりません。たとえば、国籍〔や民族〕の違いに目をくらまされるというような、人類の敵どもによってつくりだされた、人民の隷属化をねらうあらゆる偏見が一掃されなければなりませんし、それに代わって兄弟愛が現われなければなりません。労働者は、国際労働者協会**〔労働者の国際的なアソシエーション〕が一つの達成された事

ロシャ〕はその一支邦となっていましたが、プロイセン王ヴィルヘルム一世がドイツ皇帝となり、プロイセン政府の首相であるビスマルクがドイツ宰相を兼ねており、ドイツは事実上プロイセンの支配するところでした。

* モストはこの文章で、ラサールの書『中央委員会への公開回答状』、ライプツィヒ、一八六三年、をあてこすっているのかもしれません。その三六ページには次の文言があります。「だからもう一度言おう。労働者の自由な個人的アソシエーション、ただし国家の支援し促進する手によって可能となる自由な個人的アソシエーション、――これが、労働者の現状に与えられている荒涼とした状態から抜け出す唯一の道である。〔改行〕だが、どうやって国家にこうした介入をする気にさせるのか？〔改行〕このように問えば、諸君すべての目にいまやただちに明々白々な回答が浮かぶであろう、――これはただ、一般かつ直接の選挙権によってのみ可能だろう、と。」〔MEGAの注解から〕

** 国際労働者協会　一八六四年に創立され、一八七六年に解散した、労働者階級の最初の国際的組織で、のちに第一インタナショナルと呼ばれるようになりました。マルクスによって起草された「創立宣言」は、労働者階級が自己を解放するためには政治権力を獲得しなければならない、そのためには政党を組織し、国際的な共同の闘争を行なわなくてはならない、と述べ、最後に「万国のプロレタリア、団結せよ！」と結んでいます。この合言葉《あいことば》は、科学的社会主義の宣言である『共産党宣言』（一八四八年）のむすびの句でした。この協会の英語名はInternational Working Men's Associationです。ここではAssociationという語は「協会」を意味していますが、マルクスは、資本主義社会のあとにくる社会（つまり社会主義ないし共産主義の社会）を圧倒的に「アソシエーション」と呼んでいました（「土地と、労働そのものによって生産される生産手段とを共同占有する自由な労働する人びとのアソシエーション」〔162〕）。モストがここで「国際労働者協会が一つの達成された事実となるまで」と書いたとき、彼はここでの「国際労働者協会」に「労働者の国際的なアソシエーション」の意味を込

実となるまで、国境と君臨する王冠の違いとを踏み越えて、たがいに手をさしのべ、たがいにますます固く結び合わなければなりません。

ひとたび、あまねく兄弟の交わりを結ぶ仕事が成し遂げられたとき、それでもなおだれが諸国民に立ち向かおうとするでしょうか？　諸国民が、歴史的な[3]権利を行使して、すべてのいわゆる「既得権」[*]をあっさりと片づける[4]ことを、だれが阻止しようとするでしょうか？　だれもいるはずがありません。国民のなかの一部分が、他の部分の隷属化のために自分が利用されることを許しているかぎりでだけ、つまり民衆の無知が支配しているかぎりでだけ、階級支配は存続できるのです。前に進もうと努めるすべての人は、力をふりしぼって、この無知が消え去るまで啓蒙を押し広めなければならないし、けっして闘いをやめてはなりません。そしてこの闘いの合言葉《あいことば》は次のとおりです。

万国のプロレタリア、団結せよ！

めています。↓アソシエーション[163]、協働組合的な生産様式[165]

＊ **いわゆる「既得権」**　ラサールの書『既得権の体系。実定法と法哲学との和解』、全二巻、ライプツィヒ、一八六一年、への当てこすりです。〔MEGAの注解から〕

1 協働組合的な↑社会的な　2 人民が支配されている状態に代わって、人民の自治が現れるのでなければなりません↑人民による直接の立法が打ち勝たなければなりません　3 歴史的な↑自然的な　4 あっさりと片づける↑掃き去る

『資本と労働』第二版の成立とマルクス自用本の来歴について

ヴィンフリート・シュヴァルツ

一　扇動家だったヨハン・モスト

ヨハン・モストへのある追悼文は、彼は「激情家」だったと書いています。[*] H・M・エンツェンスベルガーも、『ダイジェスト』の著者〔モスト〕についての伝記的な解説のなかでこの性格描写を借用しています。[**] この性格描写は的を射ています。しかもそれは、モストの政治活動の全体について、つまり、彼が無政府主義者となったあとの時期（一八八〇年から彼が死を迎えた一九〇六年まで）だけについてではなく、それ以前の、彼が社会民主主義者であった時期（一八六八年から一八八〇年まで）についてもまったく同様に言えることなのです。革命的な熱狂と変革への意志とが彼の全人格を規定していた、という意味で、彼はまさに激情家でした。彼の身上は扇動《せんどう》であり、大衆化であり、宣伝でした[***]。その驚くべき弁才によって彼は、一八七八年に「社会主義者取締法」が公布される以前のドイツの社会民主主義のなかで、長いあいだ最も有能な政治家の一人であり続けました。彼はその生涯を通じて、きわめて多様なテーマで何十冊もの扇動パンフレットを執筆しました。けれども彼はついに、しっかりした科学的知識を身につけることはありませんでした。彼は、社会民主主義者としても無政府主義者としても、自立した理論家であったことがなかったのです。

一八七一年の春、二五歳のモストがドイツにやってきて社会民主労働者党（「アイゼナッハ派」）に入党したとき、彼はすでに政治的な経験を経てきていました。

一八四六年二月五日にドイツのアウクスブルクで生まれて、渡り製本職人となっていた若いモストが社会主義的労働運動にはじめて接したのは、一八六七年、スイスにおいてでした。一八六八年以降ウィーンで政治活動をしていましたが、ここで彼は、プロレタリア的大衆デモを組織した四人の「首謀者」の一人として一八七〇年に「反逆罪」のかどで重禁固五年の判決を受けました。一八七一年、一般的な政治大赦があって釈放された彼は、オーストリアから追放されました[****]。

彼はアウグスト・ベーベルとヴィルヘルム・リープクネヒトが率いる「アイゼナッハ派」の本拠地ザクセンに向かいました。一八七一年六月、モストは『ケムニッツァー・フライエ・プレッセ』の編集を引き受けました。のぼり坂にあったドイツの社会民主主義のなかで、労働者階級のたぎりたつ気分のもとで、しかしとりわけザクセンの工場労働者のあいだで、モストは扇動の能力を発揮し、またたくまに、社会民主主義の全体を通じて最も人気のある集会演説者の一人となりました。自身もプロレタリアであったモストの演説に労働者は耳を傾けましたし、投獄回数の多いことで、労働者たちの尊敬はさらに増しました。彼には、自分の演説の大胆不敵さを抑制しようとするところなどまるでなかったので、なおさらのことでした。

＊ ヨハン・モスト『回想録』の、著者の死後刊行された第四巻への序文、ニューヨーク、一九〇七年、前付二ページ。

＊＊ ハンス・マグヌス・エンツェンスベルガー編、ヨハン・モスト著『資本と労働』、『資本論』の手ごろな要約版、マルクスおよびエンゲルス自身による改訂・加筆、フランクフルト・アム・マイン、一九七二年、九七ページ、を見てください。この書の「著者の紹介」のうち、まさにこの『ダイジェスト』の作成にかんする部分は不正確です。〔エンツェンスベルガーはこの「著者の紹介」で、モストの生い立ちについて次のように書いています。「モストは一八四六年にアウクスブルクで、ある落ちぶれた勤め人とある家政婦とのあいだの私生児として生まれ、厭《いと》わしいしゅうとめに育てられた。一三歳のとき、彼は顔面の手術を受けなければならなかったが、この手術が彼の顔を永久に醜《みにく》いものにしてしまった。のちに彼は、引き攣《つ》れたままになっている下顎《したあご》を隠すために、いつでも顔じゅうに長くて濃いひげをたくわえていた。」〕

＊＊＊ ディーター・キューンの判断もまたそうです。ディーター・キューン『ヨハン・モスト。ドイツの一社会主義者』、ミュンヘン、一九七四年、を見てください。この書は、モスト自身が執筆した二つの自伝から集成されています。すなわち、第一に、一八八六年ニューヨークで刊行された、『むしょぐらしの八年。ヨハン・モストの生涯からのスケッチ』から、第二は、ニューヨークで一九〇三―一九〇五年に刊行された、『回想録。わが体験・探求・案出』、第一―三巻から。一九七八年に『回想録』のリプリントがロンドンで刊行されました。

＊＊＊＊ モストの生涯についての詳細は、かなりの程度、ルードルフ・ロッカーによる伝記『ヨハン・モスト。ある反徒の生涯』、ベルリン、一九二四年、によっています。

日刊紙であった『ケムニッツァー・フライエ・プレッセ』の発行部数の増大は、モストの豊富なアイデアに負っていました。成功した彼の企画の一つは、一八七二年一月以降、日刊紙への日曜版付録として発行された、ドイツの社会民主主義の最初の政治風刺機関誌『ヌス・クナッカー』の創刊です＊。また、彼が編集した『プロレタリア歌集』は一八七二年半ばから一八七三年末までに四版を重ね＊＊、この刊行によってモストは、新聞社の財政を守ることに成功しました。

モストがドイツではじめてかなり長期の禁固刑を受けたの＊＊＊は「軍隊侮辱」の罪によってでした。彼は一八七二年九月二日、ケムニッツの労働者の激しい反戦デモを組織しましたが、その激しさは、プロイセンの対フランス戦勝利を祝うブルジョア的なセダン祝賀祭さえも色あせて見えるほどでした。彼は一八七二年九月二八日にホーフで逮捕され、しばらくケムニッツで未決勾留《こうりゅう》のもとにおかれたのち、一八七三年二月二六日から一〇月二六日までの八か月間、ツヴィカウの監獄で刑に服さなければなりませんでした。そこでの拘留《こうりゅう》の状況は、ジャーナリストとしての仕事の継続と希望する書籍の研究とを許すものでした。モストはのちに、横八フィート縦一二フィートの独房でのこのときの滞在について、こう書いています。「私の主な仕事は、マルクスの大著『資本論』から、わかるダイジェストを作ることで、このダイジェストはのちに、ケムニッツのゲノッセンシャフツ・ドゥルッケライという出版社からパンフレット（全紙四枚大）として出版された＊＊＊＊。」

ケムニッツから追放されたにもかかわらず、一八七四年一月、彼はケムニッツで多数の票を獲得して帝国議会の議員に選出されました。一八七四年三月にベルリンの労働者たちに向かって行なった、パリ・コミューンについての講演が、一八七四年四月の再度の拘束のための口実となりました。彼は、二六か月後の一八七六年七月、やっとベルリン近郊のプレッツェンゼー監獄から釈放されました。

この監獄でモストは私講師オイゲン・デューリング*****の諸著作を読んで、デューリングの信奉者とな

* モストの『ケムニッツァー・フライエ・プレッセ』での時期についての記述は次のものから取りました。エルンスト・ホフマン「ケムニッツにおける社会主義的新聞・書店活動の揺籃期。カール・マルクスの科学的主著『資本論』の平易化のための、ケムニッツで刊行された一書の協力者としてのカール・マルクス」、『カール・マルクス・シュタット州地方史論集』、カール・マルクス・シュタット、一九八一年、第三冊、三〇―五六ページ、所収。

** 『さまざまの労働者詩人による最新プロレタリア歌集』は五〇曲の（とりわけ、ゲオルク・ヘルヴェーク、アンドレーアス・ショイ、カール・ヒルシュ作詞の）歌を含んでいます。モストはこのなかに、彼自身が一八七〇年にオーストリアの監獄で作詞した歌である「はたらく人々」をも取り入れましたが、この歌はまもなく、最もよく歌われるドイツの労働歌の一つになりました（「金を掘り出すのはだれか？　鉱石を加工するのはだれか？……」）。

*** モストは、短期の監獄滞在はすでに二回経験していました。すなわち、一八七一年の一か月の未決勾留と一八七二年の（六月一八日からの）二か月の禁固刑で、どちらも、新聞紙上の辛辣《しんらつ》な論説のためでした。

**** ヨハン・モスト『回想録。わが体験・探求・案出』、第三巻、ニューヨーク、一九〇五年、二五ページ。

***** オイゲン・デューリング（オイゲン・デューリング（一八三三―一九二一年）は、ドイツの哲学者、経済学者で、ベルリン大学講師として哲学、経済学を講じるかたわら、自然科学や社会主義などに関して多くの著作を発表しました。彼の哲学は折衷主義的で、経済学説も低俗、社会主義は反動的で小ブルジョア的なものでしたが、それにもかかわらず彼のマルクス批判は、一時期、ドイツの社会主義運動のなかにかなりの反響を呼びました。そのためエンゲルスは、マルクスの協力も得て、連載論説でデューリングを徹底的に批判しました（これはのちに『反デューリング論』として刊行されました）。その後、急速に影響力を失い、不遇のうちに生涯を終えました。」

りました。このことは、監獄から彼が出した手紙や論説からわかりますが、釈放後のもろもろの講演からも明らかです。ヴィルヘルム・リープクネヒトは一八七六年五月、エンゲルスにモストのデューリング称賛の論説（「ある哲学者」）を送りましたが、エンゲルスはこれを読んでいたく憤激して、マルクスに、「この男は、つまりモストのことだが、ずうずうしくも『資本論』からの抜粋をしておきながら、しかもそこからなにひとつ理解しない、ということをやってのけたものだ」*、と書き送りました。ただし、注意が必要なのは、このなかでエンゲルスは、モストの『資本論』からのダイジェストの質についてはなにも判断をくだしていないということです。エンゲルスはただ、モストが『資本論』を学んだことが彼を、デューリングのえせ社会主義を受け入れることから守らなかった、と言っているだけです。いずれにしてもこの出来事は、『反デューリング論』の名で知られるようになった、ドイツの社会民主主義者たちのための科学的社会主義についての論説シリーズ**をエンゲルスが執筆するように、最後の一押しをしたのでした。

モストはまた社会主義的な日刊紙の『ベルリーナー・フライエ・プレッセ』の編集を引き受けました。ケムニッツ時代にすでにそうであったように、彼は、編集の活動に埋没することなく、倦むことのない宣伝の仕事にうちこみ、しょっちゅう講演旅行にでかけていました。一八七七年一月、ケムニッツの労働者たちはふたたび彼を帝国議会の議員に選出しました。彼は一八七八年に、講演活動の結果として、またもや六か月半の刑期を終えなければなりませんでした。その拘禁中の一八七八年一〇月に、社会民主主義者にたいする「例外法」〔「社会主義者取締法」〕が発布されました。同年の一二月に釈放されると、彼はベルリンから追放され、ロンドンに亡命しました。***

一八七八年にビスマルク国家が発布した「社会主義者取締法」は、モストから、じかに大衆的な扇動を行なうための地盤を奪っていました。〔ドイツ社会主義労働者党の〕****党指導部が非合法の中央機関紙を創刊・発売することをまだ決定しないうちに、彼はロンドンで新たな新聞（『フライハイト』）を創刊しました。ドイツの指導部といざこざを起こした彼は、指導部に、国家権力にたいする急進性が不十分だという非難をあびせかけました。論争のあげく、一八八〇年に彼は党から除名されました。

* マルクス宛てのエンゲルスの手紙、一八七六年五月二四日付、『マルクス＝エンゲルス全集』、第三四巻、一二〔原〕ページ、所収。

** 〔一八七八年に刊行された『反デューリング論』は、ドイツ社会主義労働者党の中央機関紙『フォーアヴェルツ』の一八七七年一月三日号から一八七八年七月七日号までに掲載された連載論文を一つにまとめたものでした。〕

*** 〔ロンドンに亡命したのちのモストの思想的遍歴とアナーキストとしての活動については、田中ひかる『ドイツ・アナーキズムの成立』（御茶の水書房、二〇〇二年）が詳細に論じています。同書の論調は、マルクスおよびエンゲルスの立場に立って書かれたここでのシュヴァルツの論調とは大きく違っています。ただし同書は、ドイツで『資本と労働』を刊行した時期のモストについて、『資本と労働』の成立について、またその第二版でのマルクスの改訂作業の経緯と内容についてはまったく触れていません。〕

**** 〔社会民主労働者党（アイゼナッハ派）と全ドイツ労働者協会（ラサール派）は、ゴータでの一八七五年の大会で合同し、ドイツ社会主義労働者党を結成しました。この党は、「社会主義者取締法」が失効した一八九〇年に、ドイツ社会民主党と改称しました。〕

この時点からモストは、〔労働者階級の〕共通の敵に対する攻撃よりも、ドイツの党指導者にたいする攻撃、それも、とりわけ自分の新聞を使っての攻撃を優先させただけではなく、ますます自分の盟友を無政府主義の陣営のなかに求めるようになりました。無政府主義的な見解が彼のものの見方と論調とを決定するようになるまでに時間はかかりませんでした。モストがイギリスで受けた禁固刑、つまり、一八八一年の半ばに判決が下された、重労働をともなう一六か月の懲役は、効果のある扇動をしたためにではなくて、彼が『フライハイト』で、ロシアのツァーリ〔アレクサンドル二世〕が暗殺されたことに歓呼の声をあげたためでした。

イギリスを追放されて、モストは北アメリカにおもむき、その生涯を閉じるまでここで無政府主義を擁護しつづけました。エンゲルスが一八八三年に次のように予言したとおりになったのでした。「彼はセクトの天国で徒党を見つけて、しばらくのあいだ騒動を起こすことになるだろう。まったくもって、あらゆる誤謬を実践的に経験しなければならない、というのがまさにアメリカの運動の特徴なんだから。*」モストはじっさい、無政府主義の多くの変種を次々と遍歴していきました。彼が無政府主義の扇動者として育っていく旅のなかで逗留《とうりゅう》したグロテスクな宿駅《しゅくえき》とみなすことができるのは、彼が一八八五年に、ダイナマイトやそのほかさまざまの爆発物、またもろもろの毒物の取り扱いについての、『革命的軍事科学』というタイトルの実践的なハンドブックを書いたことでしょう。こんにちではこの書物を読んでみるのもおもしろいことかもしれませんが、この書物は、彼が影響力を失っていくばかりのセクト的な説教者になりさがっていった悲劇的な過程をものがたる証言の一つです。

アメリカでの彼の政治活動は、警察によって彼自身に加えられたたえまない迫害と、ここでも繰り返された「むしょぐらし」の年月とをのぞいては、なにももたらさなかったのも同然でした。それどころか、彼は、アメリカ合衆国での社会主義的な労働運動のもろもろのきざしを、支配階級が司法と警察とを使ってこの労働運動を犯罪にしたてあげることをやりやすくすることで、損《そこ》なったのです。こうしたこととのつながりで見るならば、なぜ、ドイツ社会民主党が――卓越したアウグスト・ベーベルはその例外だったと言ってもいいかもしれませんが**――、多くの成果をあげた社会主義的扇動者としての、「社会主義者取締法」以前のモストの過去に、理性的な態度をとれず、彼のそのころの功績を歴史から遠く放逐《ほうちく》してしまったのか、ということが、説明できるものとなるでしょう。社会主義者取締法が廃止されたのちにも、モストの初期の諸著作は――もちろんその大部分は古くさくなって

---

* フリードリヒ・アードルフ・ゾルゲ宛てのエンゲルスの手紙、一八八三年六月二九日付、『マルクス＝エンゲルス全集』、第三六巻、四七〔原〕ページ、所収。

** ベーベルは、一八八二年までに及ぶ彼の回想録『わが生涯から』のなかで、モストを特徴づけて、「根本的にすばらしい素質をもった人間」だが、「社会主義者取締法のもとで」はじめて「ますます間違った道にはいっていった」と書いています。後年モストが、ベーベル自身ならびにヴィルヘルム・リープクネヒトおよびイグナツ・アウアーを激しく攻撃したにもかかわらず、ベーベルは、一九一〇年に刊行されたこの書のなかで、「しかしながら、いい素質をもったモストがこれほどみじめに破滅《はめつ》したことは残念である」と書いています。アウグスト・ベーベル『わが生涯から』、ベルリン、一九四六年、四二三―四二四ページ。

はいましたが――もうその出番がありませんでした。彼の「『資本論』のダイジェスト」もそのなかの一つとなっていたのです。

ヨハン・モストは、政治的には行き詰まり、からだはぼろぼろになって、扇動旅行の道中、一九〇六年三月一七日にシンシナティ（アメリカ合衆国）で死去しました。

二　『ダイジェスト』の制作と印刷の状況

ヨハン・モストが『資本論』にはじめて取り組んだのはツヴィカウの監獄ででではありませんでした、――と言っても、それは同じく、ある拘置所においてでしたが。[*] 一八七二年七月六日に彼は、ケムニッツで拘禁されたままで、[**]『ケムニッツァー・フライエ・プレッセ』に一ページ大の巻頭論説「カール・マルクスの経済学」を発表しました。[***] このなかで彼は、使用価値と交換価値との区別を説明し、価値を創造するのは労働だけであることに注意をうながし、賃労働が生産手段と労働力との分離にもとづいていることを示しました。モストは次のことばで締め括りました。「労働している人々が救われるには、ただひとつの方法しかない。労働者がふたたび生産手段を手に入れなければならないのだ。このことが実現するのは、生産手段の私的所有が社会的所有に転化されるときである。」

モストがこの論説のまえおきで述べた見解もここに記しておきましょう。「労働者たちは、彼らの代表が集まる会議でもそのほかのところでも、カール・マルクスの『経済学批判』と『資本論』を熱心に学ぶように勧められてきた。」モストはこのように言い切って、この二つの著作を、「労働者が自分たちのために闘うための、彼らの手にこれまでに任された最も鋭い武器」だと評価しました。モストは、この両書がもつ形態はもちろん「厳密に科学的であり、したがってそれらを多くの労働者たちが完全に理解することはないだろう」と考えていました。彼はこの論説で、『資本論』の「精髄」を「できるかぎり簡潔なかたちで紹介」しようとしました。このことから見て取れるように——そうエルンスト・ホフマンは力説していますが★★★★——、彼がのちにツヴィカウの監獄でした仕事は、彼の頭の

★ ケムニッツの監獄での二か月の拘留についてモストがはじめて報じるのは、『ヌス・クナッカー』、第三四号、一八七二年八月二五日付から、同、第三六号、九月八日付までに掲載された論説シリーズ「赤い塔での冒険」においてです。

★★ 当時のザクセンでは、政治犯にたいする刑の執行はなみはずれて鷹揚《おうよう》なものでした。モストは、一八七二年七月から八月にかけての監獄滞在についてのある報告のなかで、次のように書きました。「あとはただ、わたしが長い休息によってかなり元気を取り戻したことを言っておくだけにしよう。」『ケムニッツァー・フライエ・プレッセ』、一八七二年第二一二号、九月八日付、付録『ヌス・クナッカー』、を見てください。——エルンスト・ホフマン、前掲書、五六ページによっています。ベーベルとリープクネヒトが拘留されていたフーベルトゥスブルク要塞を、モストは「社会主義者のゼミナール」とさえ呼んでいます。学習のために監獄に舞い戻ることは、日常の大衆活動で疲れ切った、社会民主党の活動家たちにあっては、嫌われているばかりのものではなかったのです。

★★★ 『ケムニッツァー・フライエ・プレッセ』、一八七二年第一五九号、七月六日付。

★★★★ 『ケムニッツァー・フライエ・プレッセ』のこの論説に最初に注目したのは、エルンスト・ホフマンです。ホフマン、前掲書、四五―四六ページ。

なかではすでに一八七二年七月に、まえもってつくりあげられていたのでした。[*]

モストがこの二か月の拘禁中に読んだのは『資本論』の第一版だったのでしょう。でも、彼のこの論説は、一八七二年七月以降、分冊に分けて刊行されていた『資本論』の第二版がザクセンの労働者たちのあいだで広まることにも役だったことでしょう。

モストは『資本と労働』という『ダイジェスト』をツヴィカウの監獄のなかで書き上げました。一八七三年三月末には『資本論』の第二版の刊行が完了していましたが、彼がこの『ダイジェスト』に使ったのが、一八六七年に刊行された第一版だったことは確実です。[**] 禁固刑は、一八七三年二月二六日に始まって、八か月間、つまり一〇月二六日まで続きました。もっとも、彼が一八七三年一〇月一三日にグラウハウという町で、『資本と労働』について労働者に講演したことが資料によって裏付けられています。[***] たぶん、刑期の満了よりもいくらか早く釈放されたのでしょう。いずれにしても、『ダイジェスト』の序文にも「ツヴィカウ、一八七三年一〇月」と記して署名されているのですから、印刷のためにゲノッセンシャフツ・ブーフ・ドゥルッケライに原稿が渡されたのは一八七三年一〇月よりも以前ではありません。

印刷所は日刊新聞の刊行で手一杯で、空き時間がわずかしかなかったので、このパンフレットを作り上げるのにほとんど半年を要しました。一八七四年三月五日になってようやく『ケムニッツァー・フライエ・プレッセ』に『資本と労働』の広告が出ました。三月一八日には、この『ダイジェスト』

が刊行されたことが報じられました。「われわれは党のすべての同志たちに、だれにでもわかるこの書物への注意をうながし、だれもがこれを入手するよう勧めるものである。」****

ちなみに、モストはこの一週間後にまたもや逮捕され、二六か月後の一八七六年六月一六日になって、やっとふたたび自由になったのでした。

この版の印刷部数については——これまでの推定は一〇〇〇部から三〇〇〇部までのばらつきがあるようですが——なにもわかっていませんし、また、リープクネヒトに、一八七五年の夏に『ダイジ

* 発行部数三〇〇〇部の『資本論』第二版は、一八七二年七月中旬から一八七三年五月末までに九分冊に分けて発行されました。この点については、ドイツ社会主義統一党付属マルクス＝レーニン主義研究所編『ドイツの社会民主主義の文献におけるマルクスおよびエンゲルスの労作（一八六九―一八九五年）』、ベルリン、一九七九年、八九―九四ページ、を見てください。

** 『資本論』の第一版だけに見られる、マルクスの計算の誤りによる一つの数値があります——第一版、二〇一ページ、あるいはMEGA、第二部第五巻、一八〇ページ、三二行。モストはこの誤った数値を『ダイジェスト』第一版の二一ページに受け継いでいました。『資本論』第二版でマルクスはこの数字を訂正しました。『資本論』第一巻、改訂第二版、ハンブルク、一八七二年、二二六ページ、を参照してください。もしモストが『資本論』第二版を手もとにもっていたなら、彼は『資本論』第一版だけにあるこの誤りを引き継ぐことはしなかったはずです。

*** 『ケムニッツァー・フライエ・プレッセ』、一八七三年第二四四号、一〇月一八日付。E・ホフマン、前掲書、五六ページによっています。

**** 『ケムニッツァー・フライエ・プレッセ』、一八七四年第六三号、三月一八日付。これによって、これまで専門文献のなかで記載されてきた、一八七三年という出版年（その最後のものは『ドイツの社会民主主義の文献におけるマルクスおよびエンゲルスの労作（一八六九―一八九五年）』、前掲、一〇一―一〇二ページに見られる）も訂正されることになります。

エスト』の改訂をマルクスに依頼しようという気にならせた正確な事情*についてもなにもわかっていません。** 確実なことは、マルクスが、一八七五年八月一五日以前に改訂の作業を終えたということです。というのも、この日から彼は、療養のためにカールスバートに逗留していたのだからです。このパンフレット〔つまりマルクス改訂の第二版〕の印刷には数か月かかりました。一八七六年四月一一日に『ケムニッツァー・フライエ・プレッセ』は、第二版がゲノッセンシャフツ・ブーフ・ドゥルッケライ出版社からたったいま——「綿密に校閲され改善されて」***——刊行された、と報じましたが、マルクスの名前には言及していませんでした。

　マルクス自身は、印刷に長い時間がかかっていることに、ほとんど理解を示そうとしませんでした。それは、彼が迫《せま》る期限にせきたてられながら大急ぎで改訂をやり終えたのでしたから、なおさらのことでした。一八七七年九月のある手紙のなかで、マルクスは友人のF・A・ゾルゲに次のように訴えています。「党が、というのはケムニッツの連中（ヴァールタイヒによって代表される）のことだが、ぼくをどのように遇したかは、きみにはまったく見当もつかないところだ。第一に、リープクネヒトからの懇願があり、また事はたいへん急を要するとケムニッツからも言い聞かされていたので、ぼくはカールスバートへ出発するまえに、ひどくまいった神経状態だったにもかかわらず、この仕事に着手したのだ。……何か月たってもいっこうに音沙汰なし。問い合わせると、ヴァールタイヒの「涼しい」ご返事がくる。いわく、ケムニッツのよた広告類の組版が党出版所に残すこまぎれの短時間にし

＊　〔ＭＥＧＡ第二部第八巻所収の『資本と労働』の「成立と来歴」では、リープクネヒトとヴァールタイヒがマルクスにこの書の改訂を依頼した、とされています。ＭＥＧＡ第二部第八巻、一三六八ページ、を見てください。〕

＊＊　〔ＭＥＧＡ第二部第八巻所収の『資本と労働』の「成立と来歴」では、マルクスの改訂作業について次のように述べています。「マルクスがモストのパンフレットの改訂を始めたのは、たぶん、一八七五年の半ばであろう。マルクスははじめ、修正と補足を脚注のかたちで組み込もうと考えたらしい。一八七五年七月五日にヴァールタイヒはケムニッツからマルクスに、「モストのパンフレットへの注についてですが、できるだけ短くして、ほんとうに急いでお書きくださるようお願いします」と書いた。この仕事について獄中のモストとの連絡があったことは明らかである。というのは、ヴァールタイヒは続けて、この脚注を「いただいたらモストに渡し、こうしたしかたで新版をできるかぎり早く仕上げるようにします」と書いているからである。たぶんマルクスは、こうしたつもりで「商品と貨幣」の章の仕事を始めたところ、根本的な改作が、部分的には新たに書き下ろすことが必要であり、これらの書き下ろしは脚注のかたちで提供することができるようなものではないことを見て取ったので、ヴァールタイヒにこのことを伝え、モストのダイジェストの第一版をもう一冊送ることを頼んだようである。一八七五年七月二〇日にヴァールタイヒはマルクスに、「お望みのモスト『資本と労働』の二冊目を同封してお送りします。あなたが決断を変更してくださったことにたいへん満足しています。そのようにすればより早く目標に到達できます。さらに、よりよい結果が得られることを期待します」と書いた。この時点ですでにマルクスは、新版には自分の名前を記載しないように頼んでいたにちがいない。というのは、同じ手紙のなかでヴァールタイヒは、「新版へのあなたの関与についての必要な秘密保持は請け合いますのでご安心下さい」と書いているからである。改訂の仕事は四週間以上はかからず、ほぼ八月初旬に終えられた。八月五日にヴァールタイヒはマルクスに、「貴簡とともにお送りくださった原稿を拝受しました」と伝えた。」ＭＥＧＡ第二部第八巻、一三六九ページ。〕

＊＊＊　『ケムニッツァー・フライエ・プレッセ』、一八七六年第八四号、四月一一日付。広告には、五〇プフェニッヒというこのパンフレットの価格が掲げられています。そこにはさらに次のように記されています。「われわれは本書を、資本とこんにちの生産様式との本質を知ろうとするすべての人々に勧めることができる。本書は、マルクスの画期的な著作によっており、またこの著作の科学的な帰結をわかりやすく伝えているので、ブルジョア経済学の偽善的な学説に対抗するために労働者が手にする強力な武器となりうるものである。」

か組めないのだとさ！　いまだかつて、こんな涼しい破廉恥《はれんち》行為にはお目にかかったことがない！　こうして、印刷はほぼ一年がかりだった。あげくのはてに、出版された「小品」には、意味を曲げるような誤植がうようよしていたのだ！」＊

この手紙でマルクスがいささか言い過ぎているとしても、じっさい、『ケムニッツァー・フライエ・プレッセ』編集局でのモストの後継者で、当時同じく帝国議会議員であったユーリウス・ヴァールタイヒが――この頃の社会民主主義の日刊紙では財政条件が困難であったことを考慮に入れるとしても――、このパンフレットの印刷を急きたてたようには見えません。＊＊

三　科学のわかる叙述

効果的な平易化は、じかの宣伝活動のなかでのいきいきとした経験にもとづいています。モストは彼の書物を書くさいに、疑いもなくこのような経験に頼ることができました。けれども、それだけで十分というわけにはいきませんでした。ダイジェストの作成者は、『資本論』の科学的な内容の透徹した理解があってはじめて、素材を取り扱うさいに、自由に、わかりやすい言葉で素材を言いあらわすことができます。モストはこの点で弱点を見せていました。

モストのあと、『資本論』の二番目のダイジェスト作成者となったカルロ・カフィエロに宛てた一八七九年のある手紙の草案で、マルクスはモストの『ダイジェスト』（疑いもなくその第一版のことです）の主な欠陥を次のように説明しています。この『ダイジェスト』は、「『資本論』の簡潔で平易な要約をしようとしながら、同時に、叙述の科学的な形態にあまりにも衒学的にかじりつく、という誤りを犯しています。」マルクスはさらに、次のように続けています。「その結果この『ダイジェスト』は、多かれ少なかれ、その主たる目標、つまりこのダイジェストが想定している読者層に影響を及ぼすという目標を達成しそこねているように思われます。***」

この判断から、マルクスが効果的な平易化はどうあるべきだと考えていたか、ということを推しはかることができます。つまり、科学になじみのない読者には、科学的な対象が、『資本論』とは違う

* 一八七七年九月二七日付、フリードリヒ・アードルフ・ゾルゲ宛てのマルクスの手紙、『マルクス＝エンゲルス全集』第三四巻、二九四〔原〕ページ、所収。

** 〔MEGA第二部第八巻所収の『資本と労働』の「成立と来歴」では次のように述べています。「マルクスはなんどもケムニッツに仕事の進行状況を知らせることを頼んだようである。一八七六年四月七日にヴァールタイヒはマルクスに書いた。「貴簡の一つから、あなたがモストの『資本論』の完了の遅延についてとてもお怒りであることがわかりました。わたくしが状況を何一つ変えることができなかっただけに、心から申し訳なく思っております。ちなみに、よそではまだ、古い〔第一〕版の残部があるのです……。」ヴァールタイヒはこれと同時に、モストのパンフレットの〔ようやく刷り上がった〕第二版を五部マルクスに発送したことを伝え、「親切な支援」に礼を述べた」（MEGA第二部第八巻、一三七一ページ）。〕

*** 一八七九年七月二九日付、カルロ・カフィエロ宛てのマルクスの手紙（草案）、『マルクス＝エンゲルス全集』第三四巻、三八四〔原〕ページ、所収。

しかたで提供されなければならないし、同じ内容がもっとわかりやすい形態を要求するというのです。『資本論』は「叙述の」独自に「科学的な形態」なのですから、平易な叙述は、もとの章句そのままの長い引用を選びだすことに（引用するときに外来語がドイツ語に置き換えられるとしても）終わってはなりません。

このことについて、二つの点を見ておきましょう。第一に、モストはけっして、『資本論』からの引用をただつなぎあわせていたのではありませんでした。彼はひたすら、原著の根本思想を（しかもただこれだけを！）狙いをつけた読者層に対応したしかたで説明しようとしていて、自分自身の言葉であれ、多少とも変更した『資本論』からの文章によってであれ、彼はあちこちでこのことをとても上手にやることができました。

第二に、マルクスが平易化に要求していることは、引用を使うことを原則的に排除するものではありません、——いわんや、明示的に『ダイジェスト』というタイトルをもつような書物ではそうです。それに、科学になじみのない読者に科学的な内容を伝えるには、テキストの個々の部分やそれぞれのまとまった部分全体を自分の言葉で説明したもののほうが原文どおりの引用を集めたものよりも必ず適している、というわけでもありません。まえのほうのような変形の場合であろうと、あとのほうのような変形の場合であろうと、欠くことができないのは、あらかじめ科学的な素材が、読者にとってわかりやすいように上手に選別されていることです。引用のほうが多く使われているのか、それとも自分の言葉のほうが多いのか、ということだけで平易化の成否が決まるわけではありません。どちらの場合にも、最も重要な前提は、原著の叙述されるべき核心思想をダイジェスト作成者自身が全面的に把握しているということです。

ですから、モストの叙述の弱点は、あまりにも引用を使いすぎたとか、『資本論』の章句をごくわずかしか書き換えなかったとかいうところにあるのではありません。弱点は、こうした形態を採用したことが、かなりの箇所で、『資本論』にくらべてわかりやすさを高めることになっていない、というところにあります。しかし——よく注意していただきたいのですが——このことは、引用を使うことそれ自体と結びついているのではなくて、若干の箇所ではモストが『資本論』の内容を十全には消化しきれなかったということ、また彼には科学的に理解することができないところにぶつかるたびに（いわば「安全策」を取って）原文どおりに引用しておくことに逃げ道を求める度合いが強くなる、ということに結びついています。これが、モストのダイジェストでは「科学的な形態」が行き過ぎている、とマルクスが批判していることの背景です。この欠陥から、当然のこととして、マルクスの改訂作業の課題設定と性格とがはっきり見えてきます。つまり、この改訂では、モストに見られる理解の不足からくる叙述の弱点箇所のすべてが、モストから離れて新たに文章を書き下ろすことによって訂正されなければならない、ということです。じっさい、マルクスはそのようなやり方で改訂を行なったのでした。

四　マルクスによる『ダイジェスト』の改訂

マルクスは、この書物全体の構想と編成はそのままに残しています。しかし、一三の章のすべてで、まとまった文章を書き下ろすことによってテキストを変更していて、その大部分は、概念上の厳密化が変更の内容となっています。モストと同じく、マルクスはできるだけ少ない経済学的範疇ですませようと努めていますが、それらを正しく使用することに特別に意を用いています。彼は、価値と交換価値との混同、労働と労働力との混同、労働力の価値と労働力の価格との混同、生産手段と労働手段との混同、等々を訂正しています。説教めいた主張を科学的な論究に置き換えています。ざっと二〇の語について、外来語をドイツ語の表現に書き換えています。そのさいに特徴的なことは、モストが『資本論』――『資本論』ではそうした外来語を使うのは当然です――から変更なしに取り入れていた章句のなかで、マルクスがそうした書き換えを行なっているということです。全部合わせれば、マルクスが書き下ろした文章（一文以上が新たに書かれたテキスト）は、『資本と労働』の改訂版のテキスト全体の二〇パーセント以上にのぼります。

ただし、書き下ろしの最大の部分は、二つの章、すなわち「商品と貨幣」および「労賃」の章に集中しています。マルクス自身が、「価値、貨幣、労賃、その他多くの問題で、ぼくは全文を削除して、自分の文章で置き換えなければならなかった」と伝えています。[*] 二つの版のテキストを比較考証することで、マルクスがこの二つの章をまったく新たに書き下ろしたことが明らかになります。モストは、『資本論』の重要であるにもかかわらず理論的にはむずかしいこれらの部分がもっている意義がわかっていなかったために、この二つの部分を過小評価していて、彼によるこれらの部分の説明は舌足らずで、きわめてわかりにくかっただけでなく、誤ってさえいました。価値論と労賃とについてのマルクスの叙述は、その簡潔さと明瞭さとにおいて先例のないもので、さらに、『資本論』の出版後にマルクス自身が経済学の重要な根本問題をきわめて広範な読者層に向けて執筆した唯一の説明」です。[**]

モストにたいして不公正でないためにここで強調しておかなければならないことは、マルクスは、モストが『資本論』のなかのそれ以外の基本的な要素を叙述しているところを、広範囲にそのまま受け入れているということです。剰余価値論の叙述、標準労働日をめぐる闘争についての要約、大工業および工場制度についての要約がそうです。「資本の本源的蓄積」の説明〔「現代の資本の起源」〕も、よいできばえだと見ることが許されますし、モストによる資本主義的人口法則の取り扱い、ならびに彼の「むすび」もそうです。『ダイジェスト』の終りのほうで、つまり蓄積と産業予備軍とを論じる

＊　一八七六年六月一四日付、F・A・ゾルゲ宛てのマルクスの手紙。『マルクス＝エンゲルス全集』第三四巻、一八三〔原〕ページ、所収。

＊＊　ドゥルーベク／スカンブラクス、『一八六七—一八七八年のドイツ労働運動におけるカール・マルクスの『資本論』』、ベルリン、一九六七年、九一ページ。

ところで、マルクスが文章に手を加えることが比較的少なくなるのは、一部は、この改訂は時間に追われながら書かれなければならなかったことと関係しているのでしょう。第二版での『ダイジェスト』のはじめの三分の二の水準とくらべると、ここでは、術語を厳密化する点で若干のやり残しが感じられます。ここではマルクスは、局部的な変更――それもしばしば文体上の性質の――を行なうだけでよしとし、先行する諸章でのようには、比較的大きなまとまった書き下ろしを挿入することはしませんでした。

マルクスが、自分の名を明らかにすることでこのパンフレットをおおやけに認めることができるようになるまでには「ほかにももっとたくさん直さなければならなかった*」と語ったとき、彼はたぶん、この『ダイジェスト』が終りのほうで不完全になっていることを考えていたのでしょうが、こうした不完全さ、こうした制約にもかかわらず、『資本と労働』の第二版は、『資本論』第一巻のマルクスがただ黙認しただけの一つの梗概《こうがい》、というようなものではなく、はるかにそれ以上のものです。『資本と労働』には、マルクスの修正がみられないようなページは一ページもありません。まとまった書き下ろしを除く残りのテキスト部分で、全部合わせると三〇〇個にものぼる、文体上、術語上の局部的な変更があって、マルクスの極度の入念さと、モストの『ダイジェスト』を最善のものに近づけようというマルクスの意向とを記録するものとなっています。モストの『ダイジェスト』からさまざまの欠陥を取り除いて、ドイツの労働運動が「科学的に難点のない経済学入門**」をもてるようにしよう、というやりかたとは違うやりかたをしたとすれば、それこそ、マルクスの仕事のしかたとだけではなく、彼の政治的な志向とも根本的に矛盾することになったことでしょう。

五　改訂版へのマルクスとエンゲルスの態度

すでに触れました、一八七七年のF・A・ゾルゲへの手紙で、マルクスは自分が『ダイジェスト』のために行なった仕事について、一種の自己評価を行なっています。「モストが（いまとうとうデューリングのところに行きついた……）いろいろとへまをやらかしているうえ、指定されたページ数も窮屈だったので、それは容易ならない仕事だった。[***]」

一八七六年六月、受けとったばかりの「モストの改訂版」を一部、ニューヨークのF・A・ゾルゲに送るとき、マルクスは自分が改訂した新版について次のように述べています。「……ぼくの名前は

---

[*] マルクスはこのように、一八七六年六月一四日付、F・A・ゾルゲ宛ての手紙、前出、で書いています。

[**] ドゥルーベク／スカンブラクス、前掲書、九三ページ。『資本論』の影響史のなかに『ダイジェスト』を位置づける点については、ハネス・スカンブラクス『マルクスの『資本論』――階級闘争の武器。ドイツ労働運動による、カール・マルクスの主著の学説の受容と適用（一八六七―一八七八年）』、ベルリン、一九七七年、とくに一四三―一四五ページおよび一九六―一九九ページを参照してください。

[***] 一八七七年九月二七日付、F・A・ゾルゲ宛てのマルクスの手紙、前出。

出さなかった。なぜなら名前を出すとなると、ほかにももっとたくさん直さなければならなかったからだ。」同時に彼は、自分自身が関与したことも力説しています。「価値、貨幣、労賃、その他多くの問題で、ぼくは全文を削除して、自分の文章で置き換えなければならなかった。[*]」

さらに、もう一つ別の態度表明を紹介しましょう。フリードリヒ・エンゲルスは一八八三年四月に、公表を予定したある手紙のなかで、『ダイジェスト』について次のように非常に否定的な判断をくだしました。「モストは、まだドイツにいたとき、『資本論』の「わかる」ダイジェストなるものを刊行しました。マルクスは第二版をだすためにそれを校閲するよう、頼まれました。わたしはこの仕事をマルクスと一緒にやりました。わたしたちにわかったのは、はじめから終りまでを全部新たに書こうとするのでなければ、最悪のへまの数々を取り除く以上のことはできないということでした。事実またマルクスが許したのは、ヨハン・モストのこの作品の当の改訂版に、どんなかたちにせよマルクスの名前をけっして関連づけないという明瞭な条件のもとで、改訂を加えるということだけでした。[**]」

異常にけわしいこの調子は、次のような事情から説明することができます。カール・マルクスを記念して無政府主義者たちがもったある追憶会で、モストは、自分がやった平易化によってはじめてドイツの労働者たちは『資本論』をよく知るようになったのだ、と主張したのです（同じことを彼は後年にも繰り返しました[***]）。そこで、このように無政府主義者がマルクスの仕事を自分のものだとしていることに対して、憤激したエンゲルスは、第一に、改訂したのはマルクスだったのだという秘密を暴露して、このパンフレットのもつすぐれた質にはモストは関与していないことを明らかにすることによって、また第二に、「改訂版」でさえも、マルクスのもろもろの要求をまだ満足させるものではないのだ、と評価することによって、対決したのでした。

状況に制約されたエンゲルスのこの判定は、『ダイジェスト』の第二版の水準を正当に評価していません。すでに明らかにしたように、実際にはマルクスは、「モストの最悪のへまの数々を取り除く」よりもはるかにそれ以上のことをしたのです。もちろんマルクスは、改訂の仕事をするときに、与えられた構成と与えられた紙幅とによってきびしく拘束されていました。かりにマルクスがはじめ

---

* 一八七六年六月一四日付、F・A・ゾルゲ宛てのマルクスの手紙、前出。

** 一八八三年四月一八日付、フィリップ・ファン・パッテン宛てのエンゲルスの手紙。『マルクス＝エンゲルス全集』第三六巻、一二〔原〕ページ、所収。エンゲルスはこの手紙を、『ゾツィアール・デモクラート』、一八八三年五月一七日付、第二一号、で公開させました。『マルクス＝エンゲルス全集』第一九巻、三四五―三四六〔原〕ページ、を見てください。〔エンゲルスはこの手紙で、「わたしはこの仕事をマルクスと一緒にやりました」と書いていますが、改訂の内容にエンゲルスがかかわったと見ることができるような痕跡は見られません。MEGA第二部第八巻所収の『資本と労働』の「成立と来歴」でも、「これまでのところ、この仕事へのエンゲルスの具体的な関与がどこにあるのか、わかっていない」と記しています（MEGA第二部第八巻、一三六九ページ）。〕

*** モストは彼の『回想録』でも、マルクスの関与には言及しないで、まだ次のように自慢していました。「要するに、この書によってドイツのプロレタリアートはマルクスのこの書物をはじめて知ったのである。なぜなら、この書物そのものは高度に学術的な書き方で述べられているので、人々は、かなり特別な予備的学習をしておかないことには、それを理解することがまったくできないからである。」ヨハン・モスト『回想録。わが体験・探求・案出』、第三巻、前出、二五ページ。

から自分で概要を書き下ろしたとすれば、それが、自分が書いたものではないテキストに加筆したものとは異なる外観を呈したであろうことは確かです。だからこそ、マルクスは完全には満足していなかったのです。だから、マルクスはおそらく、そのようなテキストをもっとたくさん修正できたとき、はじめて自分の名前を出したことでしょう。しかしマルクスは、自分のダイジェストはついに書かなかったのです。そしてそれゆえにこそ、これから述べる事情が、「第二版」を適切に判断するためにかなり重要なものとなるのです。つまり、マルクスもエンゲルスも、この版と比肩できるようなほかの労作が存在しないかぎり、この版の普及に反対しなかったばかりでなく、これをほかの言語に翻訳することに心を配っていたという事情です。

一八七七年一二月三〇日から一八七八年三月一〇日にかけて、『ダイジェスト』の英語訳がアメリカの週刊紙『ザ・レイバー・スタンダード』に掲載されました。*一八七八年四月にはこのシリーズが、『カール・マルクスの「資本論」からの抜粋』と題する匿名のパンフレットとして刊行されました。この翻訳は、「共産主義者同盟」時代からのマルクスの古い戦友であるヨーゼフ・ヴァイデマイアーの息子、オットー・ヴァイデマイアーが、マルクスが一八七六年六月にF・A・ゾルゲに送った**ドイツ語第二版によって行なったものです。マルクスは、アメリカ向けの再版が出る場合にはこのパンフレットを修正するつもりでいましたが、しかし、このかたちでの印刷には同意していたのです。***イギリス向けには、マルクスはこのヴァイデマイアー版から「修訂版」をつくる面倒をみようとしていました（ここで言う「修訂」は、内容上のものではなくて、ヴァイデマイアー版の翻訳上の欠陥と多くの誤植とについてのものでした）。マルクスは、「ただし、ぼくが数言の序文を書くが、そのものはヴァイデマイアーの名で刊行させるというかたち」＊＊＊＊をとらせるつもりでした。

エンゲルスは、一八八二年、つまり彼が『ダイジェスト』についてさきに見たようなきびしい判定を述べる一年前に、次のように、アメリカ合衆国向けに『ダイジェスト』のドイツ語での新版を勧めることさえしていました。「……マルクスは（これは内々のことです！）モストのダイジェストの第二版では〔第一版での〕あまりにもひどい誤解を除去して若干の補足をしていますので、このダイジェストは相変わらずその長所をもっていて、リプリントされてもいいでしょう。」＊＊＊＊＊注目していただき

＊　この点については、『マルクス＝エンゲルス全集』第三四巻、五九二〔原〕ページの注解三九四を見てください。

＊＊　同前。

＊＊＊　一八七七年九月二七日付、F・A・ゾルゲ宛てのマルクスの手紙、前出、二九五〔原〕ページ。

＊＊＊＊　一八七八年九月四日付、F・A・ゾルゲ宛てのマルクスの手紙。『マルクス＝エンゲルス全集』第三四巻、三四〇〔原〕ページ、所収。この計画は実現されませんでした。

＊＊＊＊＊　一八八二年七月二五日付、アードルフ・ヘプナー宛てのエンゲルスの手紙（草案）。『マルクス＝エンゲルス全集』第三五巻、三四五〔原〕ページ、所収。〔MEGA第二部第八巻所収の『資本と労働』の「成立と来歴」はこの手紙が書かれたいきさつを次のように伝えています。「一八八二年五月三日にアードルフ・ヘプナーはエンゲルスに、自分は「分冊版のドイツ語の『労働者ライブラリー』」を始めようと思っていると伝え、「このライブラリーにはどんな書物を――原書でも翻訳でも結構ですが――お勧めになりますか」、そしてさらに、「マルクスは、わたくしが彼の『資本論』から抜粋することをお許しくださるでしょうか」、と聞いた」（MEGA第二部第八巻、一三七二ページ）。〕

たいのですが、『ダイジェスト』は、エンゲルスがこの手紙のなかで『共産党宣言』および『イギリスにおける労働者階級の状態』以外に、アメリカ合衆国での印刷を勧めている唯一の書物だったのです。

エンゲルスが、マルクスの死の直後に、状況に制約されて行なったきびしい判定をひとたび度外視すれば、『資本論』からの『ダイジェスト』の「改訂版」にたいするマルクスとエンゲルスの態度は、基本的に肯定的なものでした。

マルクスが改訂を加えた第二版での『資本と労働』は、『資本論』第一巻の『わかるダイジェスト』として、マルクス主義の経済学的主著の根本思想を読者に知らせるのに、こんにちでもまだ、ぬきんでてふさわしいものです。

六　マルクス自用本の来歴について

マルクスの自用本の保存状態はかなり良好です。ただし、裏表紙と誤植訂正とが欠けています。[*] リプリント版のためにどちらも補われました。パンフレットのへりは完全に均一には裁断されていません。高さ一八三ミリ、幅一一八ミリというサイズは、おそらく製本のさいに上方のへりが約一〇ミリ縮められてできたものでしょう。

この自用本の最初の行き先と、そのあとそれがこんにちまで辿ってきた経路はまだわかっていません。けれども、手がかりがいくつかあります。二ページに見られる、フリードリヒ・レスナーの筆跡による「マルクス自身による訂正あり、ロンドン、F・レスナー」という記載からわかるのは、この冊子が、マルクスとエンゲルスの長年にわたる友人であり戦友であったレスナーの持ち物であったということです。前表紙にある「社会民主党蔵書」の丸い判（リプリントでは見えていません）[**]は、このパンフレットが、レスナーがドイツ社会民主党文庫のために一九〇四年にライプツィヒのユーリウス・モッテラーに引き渡した、労働運動史のための記録文書集成のなかにあった、と推測することを許します。

扉に見られる「社会調査研究所図書館、フランクフルト・アム・マイン」という角印から、次の仮説を立てるのは自然です。つまり、おそらくこの自用本は、一九二五年から一九三〇年にかけてモスクワのマルクス＝エンゲルス研究所のためにフランクフルトの社会調査研究所の構内で写真撮影されていた、ベルリンの社会民主党文庫の蔵書だったのでしょう。[***]この推定を強めるのは、モスクワから

---

*［一ページの誤植訂正が欠けているのは、マルクスが第一版の誤植箇所に書き込みをするために切りとったためなのでしょう。そのときに裏表紙もいっしょに切り取ったのかもしれません。］

**［これは、自用本で欠けていた裏表紙をリプリント版の印刷のために補うさい、ほかの版本からとった表表紙と裏表紙とをつけて撮影したためだったのでしょう。］

***　この経過の詳細は、リャザーノフによるものは第一次ＭＥＧＡ、第一巻、フランクフルト・アム・マイン、一九二七年、

の知らせによると、マルクス＝エンゲルス研究所の後継研究所であるソ連共産党中央委員会付属マルクス＝レーニン主義研究所の中央党文庫に、★この自用本の一枚の写真が所蔵されているという事情です。

わたしたちの推定の結論では、この自用本はなんらかの原因によって、ベルリンに戻されずにフランクフルトに留まったのでした。ここで一九三三年に、あるユダヤ人古書店で、ほかの書籍の在庫といっしょにファシスト権力者たちによって差し押さえられました。一九八四年一二月に〔ヴッパータールのマルクス＝エンゲルス財団に〕この自用本を売ったデュッセルドルフの古書店が述べているところでは、この自用本は、そのあとずっと〔ファシストのもとに〕保存されていたとのことです。★★

前付一七ページ、に、またパウル・マイヤーによるものは、「社会民主党文庫の歴史とマルクス＝エンゲルス遺文書の運命」、『社会史のための文書記録』、第六―七巻、ハノーファー、一九六六―一九六七年、七〇―七六ページ、所収、にあります。このほか、ヴィンフリート・シュヴァルツ「一九二四年から一九二九年にいたるフランクフルトでのマルクス＝エンゲルス研究」、『IMSFの一〇年』、フランクフルト・アム・マイン、一九七八年、七六―八四ページ、所収。

★〔ソ連共産党の解散にともなって、マルクス＝レーニン主義研究所は社会・民族問題ロシア独立研究所に変身しましたが、その後、ここから党文庫が切り離されて、現代史文書保管・研究ロシアセンターとなりました。〕

★★〔ヴッパータールのマルクス＝エンゲルス財団はこの自用本を、「長期貸与」の形態でベルリンのマルクス＝レーニン主義研究所に引き渡しました（MEGA第二部第八巻、一三八三ページ、参照）。その後、一九八九年のドイツ民主共和国の消滅によって、マルクス＝レーニン主義研究所も解体され、そこの所蔵されていた文書はあちこちに分散しました。『資本と労働』第二版のマルクスの自用本は、現在、トリーアのマルクス研究センター（フリードリヒ・エーベルト財団）に所蔵されています。〕

あとがき

大谷禎之介

本書を作成する仕事はとても楽しいものでした。もちろん、岩波書店版の以前の拙訳に手を入れることから始めましたが、手を付けるまえから「です、ます」調に変更することに決めていましたので、訳文のほとんど全部の文章にひとつひとつ手を加えることになりました。すると、「である」調を「です、ます」調に切り換えるためには、文末を「です、ます」にするだけではなくて、文章の全体の調子を変えなければならないために、さまざまなところに工夫をこらさなければならないことがわかりました。文と文とのつなぎも「である」調のままでは不自然ですし、いろいろな品詞の単語も言い換える必要がありました。そのようにして一応つくりあげた訳文を、本書の製作のお世話をしてくださった大月書店編集部の丸尾素子さんをつうじて、社会科学の専門家、文学の専門家、編集者、マルクスについてはほとんどなにも知らない主婦のかたなど、いろいろなかたがたに読んでいただきました。その結果、訳者がこれまで考えてもみなかった表現上の難点を指摘されたり、『資本論』の既訳などではごく当たり前に使われてきている用語には、普通の人びととの感覚ではほとんど理解されなものになるかもしれません。

この発見は、訳者にとっては新鮮な驚きでした。そこで、その後、本書の作業と並行して、『資本論』第一巻を「です、ます」調で訳す仕事を始めてみました。まだ途中までしか進んでいませんが、いまのところは、読んでくださったかたがたにはたいへん好評です。これをかたちのあるものに仕上げることに大月書店が力を貸してくださることになりましたので、いずれ、本書の読者のみなさんにも触れていただけるようになるものと思っています。

さて、「よけいなお世話」かもしれませんが、最後に、読者に申し上げておきたいことが二つあります。

ひとつは、この『ダイジェスト』が書かれてからもう一三〇年以上も経っている、ということについてです。

モストやマルクスが眼前に見ていた一八七〇年代のイギリスやドイツの状態と、いまや二一世紀にはいった現在の世界とを比べれば、なによりもまず目につくのは、人間が自然から物質的な富を獲得する力としての生産力が、そしてそれを支える科学と技術が、飛躍的に発展したという、大きな変化が生じていることです。『ダイジェスト』の「大工業」の章で書かれているさまざまの例証は、いまの大企業での生産現場で見られるものとはまったく違う、という感想をおもちの方もいらっしゃることでしょう。それはまったくそのとおりなのです。

むしろ、まさにそうであるがゆえに、わたしがみなさんに直視していただきたいと思うのは、それほどの生産力と科学・技術との発展を経たあとであるにもかかわらず、労働によって社会を支えている労働する個人たちがいまおかれている社会的な状況が、マルクスの当時と基本的には変わっていない、という、厳然とした事実なのです。マルクスは、彼の眼前にあった資本主義社会で、労働する人びとがその労働に必要な生産手段から切り離されているために、生きていくために自分の労働力を売るほかはないこと、つまり雇ってくれる資本家を見つけるほかはないこと、そしてそのことから、労働者の労働が、自分たちを豊かにするどころではなくて、自分たちの労働力を買う資本そのものをたえず増大させていることを明らかにしました。このような状況は、この一三〇年のあいだにどこか変わったでしょうか。まったく変わっていません。いまの日本で、派遣切りや臨職の解雇で職を失い、ハローワークでは新しい職をみつけることができなくて、ついに生活保護に最後の救済を求めるほかはない人びとが急増している実情は、マルクスが当時のイギリスについて描いた労働者たちの状態とどこが違っているでしょうか。生産力とそれを支える科学・技術が量的にも質的にも飛躍的に発展したのに、自分たちの労働によって社会を支えている人びとの状況がこれほどまでに変わっていないのはなぜなのでしょうか。それは、資本主義的生産という生産のあり方が、したがって資本主義という社会システムが、マルクスの当時とまったく変わっていないからです。この『ダイジェスト』をお読みになるときに、二一世紀の現在における労働者の状況がマルクスの当時といかに変わっていないか、ということに驚いていただきたいと思います。

と同時に、他方では、『ダイジェスト』でマルクスが描いていた当時の労働する人びとの苦難が、現在の日本や世界で、どのような新しいかたちをとっているのか、ということについても、ぜひとも関心をもって知っていただきたいと思います。労働するために必要な諸条件をもたない労働者にとって決定的に重要なのは、なによりもまず、雇用を、つまり「働き口」を見つけることができるかどうか、ということです。「働き口」を見つけても、そのすぐつぎに、労働基準法などで「労働条件」と呼ばれるものがどうなのかが問題となります。そのなかで最も重要なものは、一つは労賃であり、もう一つは労働日つまり一日の労働時間と労働の強度です。雇用、労賃、労働時間、労働強度、――この四つがいまどうなっているか。新聞などでも毎日これについてのさまざまな情報が提供されてはいますが、それらはやはり断片的あるいは一面的なものにとどまります。そこで、現在の労働者がおかれている状況をリアルに描いている書物をお読みになって、マルクスの時代の労働者の状況と対比してみていただきたいと思うのです。良書が山ほどありますが、手近なものとしては、たとえば森岡孝二さんが書かれた、現代の労働する人びとの状況についてのわかりやすい分析（『貧困化するホワイトカラー』ちくま新書、二〇〇九年、『格差社会の構造』桜井書店、二〇〇七年、『働きすぎの時代』岩波新書、二〇〇五年、など）が手ごろではないかと思います。

もうひとつの「よけいなお世話」は、この『ダイジェスト』でモストやマルクスが、いまの資本主義社会のあとにくると展望している「社会主義」ないしアソシエーションと、一九一七年のロシア革命でレーニンがそれの「建設」をめざして出発し、一九三六年にスターリンがそれの成立を宣言し、一九九一年までの数年のうちにあっけなく崩壊していったソ連の「社会主義」と呼ばれた社会システムとの関係についてです。

多くの人々が、ソ連と東欧諸国のいわゆる「現存社会主義」が崩壊する以前にも以後にも、ソ連の社会システムとソ連が東欧諸国に押しつけた社会システムは、マルクスが到来を展望していた「社会主義」そのものだと見て、それの崩壊は「二〇世紀の社会主義の壮大な実験」の失敗を示すものだと考えてきました。もし、そのような先入見をもって本書を読まれると、本書に書かれていることは、すべて、二〇世紀の「壮大な実験の失敗」によってすでに実践的に否定された過去のものでしかない、とみえるかもしれません。しかし、ご注意！　どんな国家でも、「社会主義」を宣言し、名のりさえすればその社会が社会主義になるというようなものではありません。ある社会の社会システムがマルクスのいう「社会主義」であるのかどうかは、その社会システムの、そしてすでに過去のものとなった社会についてであればそれの歴史の総体の、冷徹な分析によって判断されなければなりません。いま、マルクスの考えをよく知る人々のあいだでは、ソ連および東欧の「現存社会主義」が、論者によって、「国家社会主義」とか「兵営社会主義」とか「国権的社会主義」とかいろいろに呼ばれていますが、いずれにしても、マルクスが未来にみていた「社会主義」とはまったく違う社会システムだっいものがいろいろあることがわかったりしました。いちいちお名前を挙げることはしませんが、お読みくださったみなさんには心からお礼をもうしあげます。

そのなかで、訳者にとってはまったく思いがけなかった発見がひとつありました。それは、『資本論』そのものを「です、ます」調に訳してみると、いかめしい顔つきで近寄りがたかったマルクスの文章が、そっとやさしく近づいてきてくれるような文章に変わってくれることがある、ということです。最初、引用符をつけた『資本論』からの引用文は「である」調のままにしておくつもりでした。しかし、作業を進めるなかで、マルクスの文章は基本的に「です、ます」調にすることに変えてみたところ、『資本論』の訳文を「です、ます」調にできるだけでなく、そうすることでぐっとわかりやすくなることがわかったのです。本書で活字をゴシック体にしたところは、『資本論』からの抜粋ですので、その部分は『資本論』の文章そのものの訳文です。ここを「です、ます」調にしたらどういうことになるか、手を付けるまえにはちょっときがかりだったのですが、なんの問題もなかったどころか、大きく読みやすくすることができたと思います。

そうだとすると、『資本論』そのものを全部「です、ます」調で訳したら、近寄りがたいと感じられている『資本論』も、多くの読者にとって、わかるように思われるものにならないだろうか。すでに、ヘーゲルについては長谷川宏さんのいくつもの訳書がありますが、あれほどの意訳でなくても、これまでの既訳を「です、ます」調に変えただけでも読者にとってはぐっと近しいものに感じられるたという判断がほぼ常識化してきていると思います。

わたし自身は、最初にソ連で成立し、第二次大戦後に東欧諸国に押しつけられた、スターリンが「社会主義」と称した社会システムは、じつは資本主義の社会システム以外のなにものでもなかった、と考えています。それはただ、党官僚と国家官僚とが支配する国家によって統轄された、独自の形態にある、その意味で「国家資本主義」と呼ばれるべき資本主義でした。わたしは一九九六年に、ソ連の社会システムが「国家資本主義」だったと考える友人たちと、編著『ソ連の社会主義とは何だったのか』(大月書店)をまとめ、そのなかでわたしの考えも簡潔に述べていますので、興味をおもちのかたはご覧ください。また、ソ連がマルクスの社会主義とはまったく違ったもの、つまり国家資本主義であったことを理論的に、またソ連の統計資料などを駆使して実証的に主張した、チャトパディヤイ著『ソ連国家資本主義論』(大月書店、一九九九年)も参考にしていただけると思います。

いずれにしても、読者にお願いしたいのは、マルクスが本書で述べた、資本主義社会がそのうちに身ごもっている社会主義を、崩壊したいわゆる「現存社会主義」と一緒くたにしないでいただきたいということです。

ぐっすりと眠ってしまっていた岩波書店版の『資本論入門』をふたたび目覚めさせるきっかけをつくってくれたのは、東洋大学経済学部で、情熱以外にはなにももっていなかった若いわたしのゼミナールに参加してくれ、卒業後、ある時期から長年のあいだ大月書店で、そしてそのあと未来社で、営業の仕事を続けてきた原田敦雄君でした。また、大月書店編集部の丸尾さんは、訳者のややこしい発想や注文をいろいろな工夫によって本書の企画にまで具体化し、さらに刊行までのいっさいの作業をていねいに処理して、すてきな書物にしあげてくださいました。お二人に心からお礼を申し上げます。

第七刷での追記

右で、「よけいなお世話」のふたつ目として、モストやマルクスの「アソシエーション」とソ連の「社会主義」との関係について触れました。わたしは、この問題についてのきちんとした理解を得るためには、マルクスが未来社会としてのアソシエーションをどのようにとらえていたのか、ということを、マルクスに即してはっきりとつかむことがなによりも肝心だと考え、一九九〇年ごろからこの課題にかかわる論稿を発表してきました。二〇一〇年に三つの拙稿を書いて現在の拙見の大筋がほぼ見えるようになったと感じたところで、既発表のものをもとにして一書を書き上げ、このたび『マルクスのアソシエーション論――未来社会は資本主義のなかに見えている――』（桜井書店）として上梓しました。これによって、この問題に興味をおもちのかたに拙見を書物のかたちでお読みいただけることになりましたので、ここに追記しておきます。（二〇一一年九月）

訳者

用語解説索引（五〇音順）

『資本論』からの引用箇所の対応ページ一覧

左ページの一覧は、モストによって『資本論』第一巻の初版からほとんどそのまま引き写された箇所（本書でゴシック体にした箇所）が『資本論』第一巻の現行版のどこに当たるかを対照表にしたものです。第一欄は本書のページと行、第二欄はその部分を含む現行版のページです。ここで現行版ページとしているのは、邦訳の大月書店版や新日本出版社版につけられている原書（MEW版）ページです。ただし、『資本論』第一巻の第二版とフランス語版とを基礎にして編集された現行版には、初版とは違っている箇所があり、なくなっている箇所も一つあることに、ご注意ください。

本書ページ・行	現行版ページ
33.2–3	49
37.1–5	54
37.5–8	55
41.4–6	106
41.6–42.2	110
47.7–8	161
47.8–9	161
48.15–49.2	168
50.3–4	178
51.2–4	182
52.11–15	183
53.8–54.1	185
54.6–7	189
54.12–15	191
57.2–3	192
68.16–69.4	247
69.9–71.9	248–249
72.1–3	249
72.15–16	281
73.1–74.2	285
74.2–3	285
78.1–2	319
80.9–11	338
81.3–6	340
84.8	368
84.9–10	369
85.6–7	373
86.3–6	377
86.6–8	377
86.16–87.2	382
89.4–90.4	393
91.5–9	402
92.10	412
92.13–93.3	416
93.4–7	417
93.7–9	418
94.5–7	423
100.2–3	445
100.5–7	446
100.10–14	447
101.3–6	449–450
102.6–7	455
106.11–16	525–526
107.4–5	528
107.8–108.2	529–530
112.9–13	562
115.5–6	576
117.12	580
119.2–4	591
119.6–8	592
119.8	592
119.8–9	592
120.15–121.1	594
121.4–7	595
121.8–12	596
122.3–4	598
122.4–5	599
122.6–7	599
123.1–11	603–604
124.13–14	608
126.10–15	620
132.1–3	660
132.13–14	662
132.16–133.5	664–665
133.5–9	665
133.12–13	665–666
133.14–134.1	666
138.2–3	669
139.6–7	670
140.3	671
140.7	671
140.10–11	671
141.7–11	672
142.2–3	672
142.8–12	673
142.16–144.7	674–675
147.2–7	741
148.2–4	742
148.13–16	742
149.1	—
149.4–5	743
149.7–150.2	743–744
151.7–152.1	751
152.11–15	760–761
152.16–153.4	761–762
153.4–6	762
153.9–13	765
154.2–5	765–766
154.13–14	767
154.15–155.2	770
155.13–156.1	777
156.3–7	777–778
156.7–9	778
156.10–14	778
156.15–157.2	779
157.2–9	779
157.11–12	781
158.1–2	783–784
158.5–6	784
158.7–9	784–785
158.10–11	785
158.12–14	785
159.7–8	788
160.1–3	789
161.2–3	789
161.9–162.2	790
162.3–8	790–791

訳 者
大谷 禎之介（おおたに ていのすけ）
1934年生まれ。法政大学名誉教授。経済学博士。
国際マルクス＝エンゲルス財団（IMES）編集委員。

著訳書
マルクス『資本論草稿集』（共訳）大月書店、1978-1994年
マルクス『資本の流通過程』（共訳）大月書店、1982年
『ソ連の社会主義とは何だったのか』（共編著）大月書店、1996年
チャトパディヤイ『ソ連国家資本主義論』（共訳）大月書店、1999年
『図解 社会経済学』桜井書店、2001年
『マルクスに拠ってマルクスを編む』大月書店、2003年
『21世紀とマルクス』（編著）桜井書店、2007年
MEGA② II/11: Manuskripte zum zweiten Buch des „Kapitals“ 1868 bis 1881.（共編）Akademie-Verlag, 2008年
『マルクスのアソシエーション論――未来社会は資本主義のなかに見えている――』桜井書店、2011年
『マルクス抜粋ノートによってマルクスを読む』（共編著）桜井書店、2013年
『マルクスの利子生み資本論』（全4巻）桜井書店、2015年

マルクス自身の手による 資本論入門

2009年10月20日 第1刷発行
2020年 3月16日 第11刷発行

定価はカバーに表示してあります

訳 者© 大谷 禎之介
発行者 中 川 進

〒113-0033 東京都文京区本郷2-27-16
発行所 株式会社 大 月 書 店

印刷 太平印刷社
製本 ブロケード

電話（代表）03-3813-4651 FAX 03-3813-4656／振替 00130-7-16387
http://www.otsukishoten.co.jp/

ISBN 978-4-272-11114-5 C0033